ARQUITECTURA, LUGAR Y CIUDAD I

Primera edición 2015

Directorio

Dra. en Arq. María Elena Hernández Álvarez
Directora

Mtra. en Arq. Patricia Barroso Arias
Coordinación de Contenido Editorial
Versión impresa y versión digital en: www.architecthum.edu.mx
Colaboración:
Arq. Milena Quintanilla Carranza

Mtro. en Arq. Federico Martínez Reyes
Coordinación Editorial
Colaboración:
Roberto Israel Peña Guerrero

Mtro. Guillermo Samperio/Rodrigo de Sahagún
Fundación Cultural Samperio, A.C.
Revisión ortotipográfica y de estilo

Ilustración de portada:
Federico Martínez Reyes

©ARCHITECTHUM PLUS S.C.
Díaz de León 122-2
Aguascalientes, Aguascalientes
México CP 20000
libros@architecthum.edu.mx

ISBN 978-607-9137-27-4

La construcción de la Teoría de la Arquitectura, que es el sustento de todo diseño arquitectónico, implica un complejo proceso reflexivo y crítico mediante el cual se verifica a distancia y en profundidad la enseñanza y la praxis del oficio de ser arquitecto. Si la Arquitectura, es decir, lo habitable, le concierne a todo ser humano, las premisas de ella misma sólo pueden concebirse de manera transdisciplinaria sustentándose en todos los campos del conocimiento porque, además, es a todos ellos a quien va destinado su servicio.

Asimismo, las manifestaciones del humanismo están asociadas a la conciencia social del hombre y a sus circunstancias existenciales en el mundo, de tal suerte que se deben ir generando consideraciones ontológicas y epistémicas en el plano formativo y profesional para el arquitecto. Por ello, asumir una formación humanista desde sus más altos y nobles ideales, constituye una necesidad cada vez más apremiante en el mundo de hoy; y es esto lo que nos transmite una imagen del arquitecto como persona que piensa, que crea y que produce una arquitectura orientada hacia el bien común.

Actualmente, gracias a esfuerzos de profesores e investigadores de nuestro Programa Académico, como la Dra. María Elena Hernández y de su grupo de colaboradores, proyectos editoriales como esta Colección Arquitectura y Humanidades, hacen posible pensar en una Teoría de la Arquitectura impresa con un sello particular en donde el proceso de enseñanza aprendizaje no se concibe ya como un proceso educativo centrado únicamente en la adquisición de conocimientos y habilidades, sino como un compromiso reflexivo y crítico que reclama un cambio de orientación dirigido a la búsqueda de nuevos nexos y relaciones disciplinares, particularmente aquí con las Humanidades.

Así, validando este enfoque transdisciplinar, se escriben y difunden en este proyecto editorial, colección Arquitectura y Humanidades, ideas artísticas, científicas, éticas, filosóficas, poéticas e históricas, que provienen de numerosas visiones del mundo arquitectónico, sustentadas en ideologías, teorías y posturas que están en correspondencia con las exigencias del mundo contemporáneo.

Es esencial que nuestra Facultad de Arquitectura sea parte de las instituciones educativas que contribuyen a la formación de arquitectos conscientes y reflexivos para que esto nos permita, no solamente vivir en el mundo actual, sino además, transformarlo de manera transdisciplinaria para la sustentabilidad y sostenibilidad que el futuro nos demanda.

Así, la Colección Arquitectura y Humanidades nos convoca a la reflexión filosófica que comprende a la arquitectura desde su núcleo, el hombre, y al arquitecto como el profesional dotado de razón, de conocimiento y de capacidad para construir, pensar y diseñar lugares de verdadera calidad habitable.

Sabemos que este proyecto editorial queda establecido para ser puerta abierta permanente a las colaboraciones de quienes consideren el trabajo transdisciplinario como una fuente necesaria para validar, hoy más que nunca, las pautas de diseño de los espacios que los seres humanos habitamos.

Mtro. en Arq. Alejandro Cabeza Pérez
Coordinador del Programa de Maestría y Doctorado en Arquitectura
Facultad de Arquitectura
Universidad Nacional Autónoma de México
Enero de 2015

Prólogo

La *Colección Arquitectura y Humanidades*, tiene el objetivo de fortalecer los lazos entre ambos campos de conocimiento, ya que uno sin el otro no podrían concebirse. Si comprendemos que, tanto la Arquitectura como las Humanidades conciernen a todo ser humano, es por ello que este proyecto centra su propósito en compartir los esfuerzos de muchas personas por enriquecer los encuentros transdisciplinarios que coadyuvan al compromiso con la calidad de las pautas de diseño de los espacios que habitamos los seres humanos.

En este proyecto editorial presentamos numerosos trabajos de exalumnos y profesores del Seminario y Taller de Investigación *Arquitectura y Humanidades* fundado en 1997 en el Programa de Maestría y Doctorado en Arquitectura de la Universidad Nacional Autónoma de México. A partir de ese año, esta *Colección Arquitectura y Humanidades*, tanto en sus versiones digitales como en la impresa, también se ha visto enriquecida de manera significativa con la generosa colaboración de muchos académicos y profesionales de diversas instancias y países.

Los números de este proyecto editorial se presentan organizados en temáticas generales abiertas para multiplicarse secuencialmente. Los artículos en cada número dan a conocer importantes reflexiones teóricas cuyo interés primordial es contribuir a la formación de investigadores y de docentes, así como el promover la generación y divulgación del conocimiento y la cultura arquitectónica y humanística.

Inaugura la lista de autores el Dr. Jesús Aguirre Cárdenas, quien, además de contribuir con un importante ensayo sobre el tema central de esta Colección, ha otorgado en todo momento su apoyo al proyecto académico *Arquitectura y Humanidades*. Expreso aquí mi profunda gratitud y admiración al Dr. Jesús Aguirre Cárdenas por su confianza a esta propuesta académica editorial y, sobre todo, por su inigualable ejemplo humano a seguir; él siempre abriendo caminos.

Por mi conducto, todos los autores que participamos en esta Colección expresamos nuestra gratitud a las autoridades de la Facultad de Arquitectura de la Universidad Nacional Autónoma de México, especialmente a su Director el Arquitecto Marcos Mazari Hiriart, al Maestro en Arquitectura Alejandro Cabeza Pérez, Coordinador del Programa de Maestría y Doctorado en Arquitectura y al Maestro en Arquitectura Salvador Lizárraga, Coordinador editorial de la Facultad de Arquitectura, por el reconocimiento que otorgan a la trayectoria de los autores que participan en esta *Colección Arquitectura y Humanidades*, así como a la calidad de los ensayos que en ella se presentan.

Finalmente, mi especial reconocimiento a la Maestra en Arquitectura Patricia Barroso Arias y al Maestro en Arquitectura Federico Martínez y a sus colaboradores por las incontables horas de entrega, creatividad, compromiso, liderazgo y confianza a este proyecto editorial.

María Elena Hernández Álvarez
México, Distrito Federal , diciembre de 2014

8

ARQUITECTURA, LUGAR Y CIUDAD I

Introducción

FEDERICO MARTÍNEZ REYES

Las arquitecturas tienen un lugar de emplazamiento. Esta obvia aseveración conlleva una serie de reflexiones que obligan al arquitecto y a los críticos a generar propuestas sobre cómo debería responder la forma arquitectónica a ese entorno físico y a la cultura que rige ese lugar. Las posturas teóricas sobre cómo deben responder las formas arquitectónicas a sus emplazamientos pocas veces coinciden con los objetos construidos y son pocas las arquitecturas que, en estos términos, reciben los elogios conjuntos de críticos, arquitectos y habitantes. Estas posturas, que se erigen de alguna manera como referencias morales de la arquitectura, dividen, de manera muy genérica, la visión del lugar en dos vertientes: la que ve al lugar como algo virgen, que es y existe previo a cualquier intervención humana y que, hoy más que nunca, debe ser respetada como la madre naturaleza que es, y aquella que entiende al lugar como producto de la intervención humana, es decir, que es el hombre quien, al erigir un punto de referencia -un menhir, por ejemplo- en la naturaleza salvaje e incomprensible, le da sentido al caos, lo racionaliza, lo entiende y lo nombra, y es posible entonces hablar de lo que está *allí* o *allá*. Desde la construcción del menhir hasta nuestros días, el conjunto de arquitecturas ha dado paso a la fundación de lugares como el pueblo, la urbe, la metrópoli, en donde el cambio constante de estilos hace cada día más compleja la lectura del entorno y más diversos los contextos físicos y culturales a los cuales ajustar los objetos arquitectónicos.

14

Corrales y Molezún, Mies y el GATEPAC
Arquitecturas reconstruidas

ÓSCAR MIGUEL ARES ÁLVAREZ

El gusto por lo sentimental, en arquitectura y en el arte en general, de lo ausente, lo lejano o lo añorado ha generado una práctica profesional poco habitual: la reconstrucción de las arquitecturas ausentes. Con mayor o menor fortuna, su fin es recuperar la memoria de aquello que se ha perdido aun cuando su reproducción sea tan solo aproximada. En algunos casos evocar el recuerdo es más importante que la fidelidad por el original.

Parece evidente que la añoranza por lo perdido o lo exótico ha sido un campo constante de recreación en la historia de la arquitectura. La del siglo XX, incluyendo la heroica del Movimiento Moderno, tampoco ha sido ajena a ese sentimentalismo, algunas veces disfrazado de cultismo. Especialmente significativa ha sido la proliferación de reconstrucciones de pabellones nacionales, que por uno u otro motivo se han convertido en imagen o símbolo de sus respectivos países en acontecimientos y exposiciones durante el siglo XX. Su propio carácter efímero, parejo al éxito perecedero que tuvieron durante su existencia, ha perdurado en la memoria de instituciones, organismos o administraciones. La decisión de su reconstrucción –en su mayor caso complejo y dispar- ha posibilitado la recuperación de ciertas arquitecturas ausentes temporalmente.

Es el caso del pabellón del L´Esprit Noveau, construido por Le Corbusier en las Exposiciones de Artes Decorativas de París de 1925, hoy edificado en Bolonia; o la construcción de la Casa para un Amante del Arte, de Charles Rennie Mackintosh, levantada en Glasgow con motivo de su capitalidad europea celebrada en 1990. Práctica, la de recuperar lo añorado, que tampoco ha sido ajena en España. Significativas fueron las intervenciones para reimplantar el Pabellón Alemán en la Exposición Internacional de Barcelona de

1929, de Mies Van der Rohe, en el emplazamiento original de la Plaza de España; o la reconstrucción del Pabellón de la II República Española, proyectado con motivo de la Exposición Internacional de París de 1937 por J.L.Sert y Luis Lacasa, en el Vall d'Hebron; nuevamente edificados en Barcelona en 1986 y 1991.

La reedificación de estas arquitecturas, que en su día fueron concebidas como construcciones temporales, fue un reto para los distintos equipos de profesionales. A buen seguro, reconstruir edificaciones de naturaleza efímera para reconvertirlas en permanentes es un reto. Los problemas técnicos e intelectuales que supone la labor de restitución, ampliable al campo de la restauración y la rehabilitación, plantean distintas reflexiones en torno al proceso creativo; en especial la cuestión de la fidelidad hacia la forma primitiva. Dualidades conceptuales como copia o imagen, reconstrucción o reinvención, tecnología o artesanía, son términos opuestos que necesariamente han de dialogar en este singular proceso. Si la filología es la técnica que se aplica a los textos para reconstruirlos, fijarlos e interpretarlos, cabe cuestionarnos cuál es el nivel filológico de estas reedificaciones.

1. El 19 de mayo de 1929, el rey Alfonso XIII inauguró en Montjuit la Exposición Internacional de Barcelona [1]. Junto a los monumentales edificios de arquitectos locales como Lluis Doménech i Montaner, Enrique Sagnier o Josép Puig i Cadafalch, entre otros, se erigen toda una colección de pabellones nacionales, entre los que destacaría, para el futuro de la historia de la arquitectura, el paradigmático pabellón de Alemania, proyectado por Mies Van der Rohe. La recién estrenada República de Weimar apostó declinar su representatividad en manos del arquitecto oriundo de Aquisgrán. Tras diversas vicisitudes, referentes a la elección del lugar, proyectó un pabellón representativo [2]-*raumrepräsentation*-; un espacio desvinculado de función práctica -en lo referente a la exhibición y exposición de objetos- que solo fue destinado a actos protocolarios.

Mies concibió su *stand* como un objeto experimental, en el cual puso en práctica muchos de los principios constructivos que desarrollaría posteriormente en Chicago. Obsesiones, como la reinterpretación que ejerce de los materiales tradicionales -agua, piedra y vidrio- a través del singular tratamiento de los acabados, la textura, y la disposición del aparejo y puesta en obra, fueron alabadas en su tiempo; la experimentación de los sistemas constructivos, llevados hasta sus últimas consecuencias, como la dotación del menor número de apoyos y el carácter liviano mediante la reducción progresiva de la sección del plano de cubierta o el concepto mecanizado de sus carpinterías, ejecutadas con perfiles macizos normalizados, que con pocas variaciones perdurarían tanto en sus edificaciones unifamiliares como en sus proyectos de rascacielos durante el resto de su ejercicio profesional, fueron puestas en práctica por el arquitecto germano.

La ejecución original no estuvo exenta de problemas. Los recortes presupuestarios obligaron a realizar operaciones de camuflaje de algunos alzados -trasero y lateral-, que en principio estaban proyectados con mármoles, mediante la incorporación de estucos. También surgieron problemas con el calendario de obras: utópico, debido a los cortos periodos de ejecución de los que se disponía. El pabellón se fue construyendo conforme se recibían los materiales, llegándose a construir los muros interiores de doble cara de mármol, antes de haber acabado la cubierta. La ejecución tampoco fue del todo correcta: no se solventó adecuadamente el drenaje de las superficies horizontales; la cubierta retenía las aguas ante la escasa previsión de las pendientes; los enormes voladizos, de más de tres metros, fueron resueltos con una sección insuficiente de entramados de vigas IPN 120 que provocó una flecha excesiva.

En octubre de 1981, un recién estrenado en sus funciones de director de Urbanismo y Edificación del Ayuntamiento de Barcelona, Oriol Bohigas, encargó, tras diversas intentonas, el proyecto para la reconstrucción del mítico Pabellón de Alemania en la Exposición de 1929 a los arquitectos Ignasí de Solá-Morales, Cristian Cirici y Fernando Ramos. El estudio de su reconstrucción fue complejo. El edificio había sido objeto de continuas improvisaciones que no quedaron documentadas, debido al apremio de las fechas de inauguración. Como Ignasí de Solá-Morales escribiría: "la inexistencia, posiblemente de hecho, de un proyecto, ha sido la causante de las diferencias de diseño que se han ido publicando a lo largo de más de cincuenta años.(…) Adaptaciones presupuestarias, exigencia dictadas por la tecnología disponible en Barcelona en aquel momento, retrasos en el suministro de algunos materiales y errores en la topografía inicialmente considerada, obligaron al arquitecto a realizar ajustes y cambios que se produjeron hasta el último momento, de manera que lo que hoy se nos da a conocer, con algunas lagunas informativas, es el proceso y las características del edificio en cada fase" [3]. Otras consideraciones también fueron planteadas, como el problema de su adaptación a nuestra realidad social utilitaria, exigente, como es, en dotar a todas las cosas con un fin práctico.

Volviendo a utilizar el símil lingüístico, filológicamente el equipo de arquitectos catalanes resolvieron emplear técnicas de reproducción lo más fidedignas posibles. Optaron por una reinterpretación de los diversos sistemas que componen la unidad del edificio, con el fin de garantizar un carácter permanente frente a la temporalidad original: "la reconstrucción que ahora se lleva a cabo no se hace para levantar de nuevo un edificio de condiciones técnicas exactas a las del edificio de 1929, sino pensando en la garantía de su permanencia". Los arquitectos realizaron una intensa labor [4], Circi cuenta que se desplazaron por las canteras de Israel, Brasil, Marruecos y Argelia para poder encontrar una configuración similar, en textura y acabado, del gran muro de ónice interior que Mies trajo desde Hamburgo -en principio destinado a la decoración de un trasatlántico-. O que la labor documental tuvo que ser practicada en diversos archivos, con el fin de afianzar la imagen más fiel posible del original, obligándoles a desplazarse por Nueva York, Chicago y Berlín.

A pesar de la intensidad del trabajo, la adaptación a las necesidades de confort exigidas en la actualidad, la mencionada adaptabilidad a la permanencia y la corrección de los errores acaecidos durante el proceso de construcción del edificio, implicó reconsiderar gran parte de su arquitectura y del proceso tecnológico original. Fue inevitable una tensión entre recreación e imaginación, o entre reconstrucción y reinvención.

Los arquitectos tuvieron que readaptar la cubierta, con un nuevo remedio de impermeabilización que solucionase los problemas originales; reajustaron las pendientes de los planos horizontales del suelo, apoyando las losas de piedra sobre elementos puntuales y dotando al suelo de una cámara que facilitase la labor de drenaje;

las carpinterías tuvieron que rehacerse en acero inoxidable, ya que el cromado original no era estable frente a las condiciones particulares del clima de Barcelona; incorporaron un sistema de seguridad integrado por cédulas y cámaras de seguridad en circuito cerrado; replantearon todas las instalaciones de iluminación, y se incorporaron las de climatización y calefacción radiante. Cuestión complicada la de mantener la fidelidad.

2. El pabellón de la Segunda República para la Exposición Internacional de París de J.L. Sert y Luis Lacasa, de 1937, fue una apuesta personal del presidente de la Segunda República, Manuel Azaña, en el difícil contexto de la Guerra Civil Española. Al margen de los debates suscitados en torno a la paternidad del edificio [5] el proyecto fue encargado y dirigido en su ejecución por J.L. Sert, líder natural del grupo catalán del GATEPAC, y el reconocido arquitecto, afincado en Madrid, Luis Lacasa. Sert aportó todos los conocimientos adquiridos durante su militancia en el GATEPAC, aunque su ejecución se realizó al margen de éste. De su imaginario salió un edificio compuesto por dos naturalezas yuxtapuestas, mixto en su concepción, en el que interaccionaba el diálogo entre la máquina y lo popular. No hay duda de que la conciliación de los opuestos tuvo en este pabellón un momento feliz. Por una parte, los arquitectos proyectaron la modernidad a través de un paralelípedo de tres plantas de altura, ejecutado con la mejor técnica de su tiempo; por otra, expresaron la tradición vernácula, mediterránea y mítica, mediante la inclusión de un patio jalonado por toda suerte de símbolos mediterráneos; lonas, pino mediterráneo o arquitecturas auxiliares tenían su eco junto a las reconocibles formas de la arquitectura tradicional ibicenca.

Que se haya practicado un ejercicio de mitificación sobre dicha construcción tiene mucho que ver con el contexto temporal. Pero también por haber sido el contenedor de la máxima expresión artística contemporánea de su época. En su interior se albergaron obras tan representativas de nuestra cultura como la Montserrat, de Julio González; la Fuente de Mercurio, de Calder; El Payés Catalán y la Revolución, de Miró; o la Cabeza de Mujer y el Guernica de Picasso.

En 1991 se procedió a su reconstrucción. La obra fue encargada al equipo barcelonés formado por Espinet y Ubach, y el arquitecto madrileño J.M. Hernández León [6]. Al igual que con el Pabellón de Mies los arquitectos encargados de reconstruir el pabellón de Sert y Lacasa debieron afrontar problemáticas similares. A iguales exigencias, idénticos problemas. Como ocurrió con el pabellón alemán, las prisas y la inadecuada ejecución de la obra infirieron a su ejecución elevadas dosis de improvisación sin que aquellos cambios quedasen reflejados en documento alguno. Esta circunstancia obligó al equipo de Espinet, al igual que hiciese el de Cirici, a iniciar un extenso peregrinaje con el fin de recabar las fuentes documentales más fieles, depositadas en diversos archivos de la geografía española y europea.

Las bases de la reconstrucción obligaron a reconceptualizar la funcionalidad del edificio, con el agravante de que su intervención exigía un replanteamiento formal de la construcción al tener que incorporar una ampliación del edificio para albergar las oficinas de la sede Uralita, mecenas de la intervención. Además, existía otro problema no menor: la ubicación de la reconstrucción no era la original. El nuevo emplazamiento estaba situado en el Vall d'Hebron, en la parte alta de Barcelona, en detrimento de la parcela que Sert y Lacasa dispusieron en la Avenida del Trocadero de París.

Ante esta premisa la ejecución del pabellón debió realizarse equilibrando procesos de reconstrucción y reinvención -entre la fidelidad por la forma original y la incorporación de otras nuevas- modificando su carácter efímero por el de permanente y transformando el uso propagandístico por el administrativo.

La nueva localización, que implicaba una topografía diferente, ocasionó un problema de percepción. En el pabellón de París la fachada trasera no tuvo la misma valoración jerárquica que la principal, ya que quedaba parcialmente oculta al estar rodeada de árboles pimenteros. Sin embargo, en la reconstrucción toma una especial relevancia ya que es visible desde la carretera de acceso, lo que supone una trasgresión en la focalización y percepción del edificio, disminuyendo la efectividad de la doble frontalidad sugerida por Sert y Lacasa, como se aprecia en las fotos de la época. Ambos arquitectos querían que el espectador, en su recorrido por la avenida del Trocadero, descubriese aquella caja técnica y paralepípeda, invitándole a entrar. Aceptada la proposición, y una vez cruzado el umbral, el público accedería al evocador patio, cargado de inesperados simbolismos populares, para desde allí comenzar su recorrido ascendente al contenedor de la exposición. En la actual reconstrucción, aquel efecto tuvo que ser obviado, perdiéndose uno de los valores más afortunados del edifico.

Otro de los retos de la intervención, como se ha indicado, fue su reconceptualización. Había que inferir al edificio un nuevo uso; con las lógicas contradicciones que este supuesto implica para el ejercicio de la reproducción constructiva. El actual programa solicitaba que el edificio albergase distintas ofertas culturales para la comunidad, obligando a los arquitectos a incluir un sótano técnico con el fin de alojar la maquinaria necesaria para proporcionar el confort demandado.

En la formalización de las soluciones constructivas se siguieron procedimientos similares a la intervención del Pabellón de Mies [7]: se fabricaron planchas de fibrocemento con la ondulación exacta original, y las carpinterías metálicas de aquella modernidad, se ejecutaron de manera artesanal con perfiles calibrados en taller. Aunque también debieron tomarse decisiones arriesgadas ante la falta de documentación, como fue la selección de piedra del basamento, ya que solo se disponía de unas fotos en blanco y negro.

Tal vez el reto más significativo de lo ejercido estuvo en la demandada ampliación del edificio. Sin modificar la volumetría se incorporó un programa ajeno: unas oficinas que necesariamente obligaban a aumentar la superficie útil original del proyecto. El equipo de Espinet se valió del desnivel existente en el nuevo emplazamiento para ampliar el zócalo del conjunto, permitiendo añadir los cuatrocientos metros cuadrados de superficie necesarios sin alterar de manera traumática su unidad formal. El problema de la iluminación natural de estas estancias se solventó mediante la incorporación de una doble ventana, a modo de las aspilleras militares, aumentando la permeabilidad entre interior y exterior.

3. El 9 de mayo de 1956, Juan Antonio Corrales y Ramón Vázquez Molezún ganan el concurso de ideas para la construcción del Pabellón Español en la Exposición Universal de Bruselas de 1958. Las condiciones impuestas por las bases eran bastante exigentes: se pedía que la edificación fuese desmontable y que respetase el arbolado existente. Tampoco la parcela donde debía

ubicarse ayudaba: además de ser alargada y con borde curvo, presentaba una topografía compleja que exigía salvar una colina central de seis metros de altura. En palabras de sus autores: "con estos datos empezamos a trabajar y llegamos a la conclusión de que una solución, no la única, sería encontrar un elemento de cubierta prefabricada, ligero y que, por repetición, nos diera la planta" [8].

El plano del proyecto debía salvar la aleatoria disposición de los árboles que se encontraban en la parcela. Una disposición caprichosa de la naturaleza que facilitó una solución afortunada y sencilla: la repetición modular de una geometría compleja -un hexágono- que ofertaba distintas variables de extensión direccional. Flexibilidad y elasticidad. La sección geométrica del módulo se resolvió adoptando una apropiación abstracta de la morfología del árbol, creando "un paraguas autónomo respecto a las dos funciones principales que le ligan al resto: sustentación y desagüe" [9], organizando la disposición de estos módulos en un programa en forma de "V" que colonizaba toda la colina.

No hay duda que el pabellón contiene una alta carga conceptual, y que en nuestra memoria, al igual que en la de estos arquitectos afincados en Madrid, resuenan ecos procedentes de la arquitectura de F. LL. Wright. La composición hexagonal nos recuerda ciertas prácticas ejecutadas en algunos modelos de casas usonianas: Honeycomb House (1935-37) o Rose Pauson House (1938-41) cristalizan en este modesto pabellón de Bruselas; pero también la recreación hipóstila del edificio Johnson & Son Administration (1936-39), como hiciese Felix Candela en su proyecto para el Almacén Hernaíz (México 1956).

El carácter pretendido por los arquitectos, en esta ejemplar obra de la arquitectura española, era concebir un espacio espiritual frente al deseo de la comisión española de llenarlo de objetos y reclamos nacionales. En palabras del propio J. A. Corrales "teníamos ideas más sutiles, dejarlo todo vacío, música de Falla, versos de Juan Ramón y dibujos de Picasso. El desideratum de irrealidad, una especie de paraíso" [10].

Cerradas las puertas de la exposición, un año más tarde, en 1959, se procedió a su reconstrucción en la Casa de Campo de Madrid. La dirección técnica fue encargada a los mismos arquitectos. En principio, tan solo se trataba de desmontar el edificio existente en Bélgica y trasladarlo a España, pero Corrales y Molezúm se enfrentaron a una oportunidad singular: la de poder rescribir su propia obra, aunque en un entorno diferente. La tentación de volver a edificar lo que el arquitecto ha creado facilita solventar los problemas con los que se ha encontrado en la primera realización. Y así lo debieron de entender, pues el esfuerzo de reconstrucción se centró en el de recomponer el edificio en un nuevo marco geográfico, con un nuevo carácter. Ambos arquitectos edificaron un pabellón que nada tenía que ver con el edificado en Bruselas. Era un nuevo edificio. Se incorporaron patios interiores con el fin de potenciar la iluminación interior; se alteró el programa original; o se incluyeron otras superficies acristaladas, aunque disminuyeron en número respecto a la nueva configuración formal.

Una imagen distinta, pero sin perder la idea original. Lo que Vázquez y Molezún reproyectaron no fue la realidad física del edificio, sino su concepto: "lo bonito de este pabellón es que es tan flexible…tengo tantas piezas y tengo que utilizarlas, puedes montarlos de mil maneras" [11]. Lamentablemente, hoy en día el Pabellón carece de uso, habiendo desaparecido las carpinterías, encontrándose en un lastimoso estado de ruina.

4. Estos tres ejemplos muestran los distintos parámetros de tensión que existen al abordar el ejercicio del proyecto, cuando se trata de afrontar labores reconstructivas y reinventivas. La problemática de la añoranza conlleva problemas de uso, tecnología y ética. A pesar de todos los esfuerzos, y habiendo sido los más incisivos, Ignasi de Solá-Morales y su equipo admitieron la dificultad de la recreación. El pabellón de Sert y Lacasa estaba sometido a otras consideraciones externas que exigieron a los arquitectos un adiestramiento complejo con el fin de mantener el respeto por la imagen. Aunque, tal vez, la labor más honesta fue la de los arquitectos afincados en Madrid, Corrales y Molezún, que tuvieron el privilegio de reconstruir su proyecto, optando por plantear una revisión de las formas manteniendo la fidelidad por el concepto.

Desde la perspectiva constructiva, la reposición de estas arquitecturas ausentes convierte el ejercicio de la reedificación en una cuestión de arqueología. El obsoleto empleo de algunos materiales y técnicas necesariamente fuerzan su sustitución por otros más actuales. El compás del tiempo deja en evidencia la supuesta reproducción fidedigna de la obra arquitectónica, reduciendo su ejecución a una aparente reconstrucción formal del objeto. O lo que es lo mismo: una versión adaptada de la realidad original convirtiendo el proceso de edificación en una cuestión de arqueología técnica.

Otra de las cuestiones planteadas tiene que ver con el uso. Estas arquitecturas, concebidas como efímeras, fueron proyectadas para albergar un programa temporal, generalmente de contenidos culturales; aunque en el caso de Mies ni siquiera se definía. En su reproducción se genera una subversión de los términos edificación y programa. La arquitectura, como sustento del uso, es una condición ya existente que fuerza la adaptación de un nuevo programa en el espacio arquitectónico original, provocando, en la mayor parte de estas reconstrucciones, problemas de funcionalidad.

Y es que por norma, la recuperación de estos pabellones ha obligado a reconsiderar su fin original, en principio limitado por el tiempo, por otro ajeno y supuestamente permanente. Lo paradójico es que este proceso exige rehabilitar arquitecturas que aún no se han empezado a reconstruir; cuestión abordada con diferente suerte en las intervenciones ejecutadas, convirtiendo este tema en el nudo principal a resolver. No hay duda de que el empeño por dotarlos de un uso diferente o la incapacidad de suscribir uno nuevo –como es el caso del pabellón de Bruselas- está en el origen de su inadaptación, abandono y marginalidad. La utilidad, estigma de esta sociedad neoliberal, se convierte así en una condición imperativa, pero también en su anatema.

Los tres ejemplos son alegorías arquitectónicas que demuestran la complejidad del ejercicio proyectual. La decisión de reedificar en contextos sociales y físicos diferentes supone emprender labores de adaptación, y no solo desde la perspectiva de la solución constructiva o del programa. Es posible, que toda la problemática de estos edificios se pueda resumir en una única cuestión: la de la relación entre el objeto arquitectónico y el sujeto. Aunque la arquitectura pudiera ser producida industrialmente en serie y ubicada en múltiples parajes en iguales condiciones topográficas, climáticas o de iluminación, cada reedificación sería diferente.

Y quien las hace no iguales no son las condiciones materiales o técnicas, sino las subjetuales -uso admitido, aceptación social o entorno económico y cultural- parejas a todo proceso de creación.

El objeto en sí, en este caso arquitectónico, no puede desligarse de su destinatario: el sujeto. Este, bien sea individual o comunal, a través del uso y la aceptación, caracteriza e individualiza aquello que en principio tan solo era un objeto, apropiándose de él; haciéndolo suyo. Familiar. De esta manera cada manifestación arquitectónica se convierte en única e irrepetible.

La relación objeto-sujeto se erige en centro del problema de las arquitecturas reconstruidas. Si bien el objeto ha podido ser reproducido, con mayor o menor acierto, su relación con el sujeto es circunstancial. Aunque reconstruyamos el pabellón de la II República el contexto heroico y emotivo nunca podrá ser reproducido; como tampoco el entorno abigarrado de la exposición de 1929 en Barcelona o las condiciones socio-económicas de los años 50 en España. Por lo que el problema no está sólo en las dificultades técnicas, sino en la nueva relación que se ha de establecer con la comunidad que ha de disfrutarlo y que física, psicológica y culturalmente es diferente. Aceptando que cada manifestación artística lleva adherida una vinculación objeto-sujeto la alteración de este último es lo que provoca que la reconstrucción, a pesar de la fidelidad técnica y de materiales, siempre tenga un carácter diferencial respecto de la original.

Tomemos como ejemplo el Pabellón de Sert y Lacasa. En su tiempo fue el refugio intelectual de una agonizante República. El sentimiento que impregnaba la pérdida de libertades empapó cada uno de sus muros. En torno a él se citaron intelectuales, artistas y creadores como Picasso, Calder, Miró, Alberto o Julio González; convirtiendo aquellos escasos 1.400 m2 en símbolo de resistencia. Hoy, la silueta reproducida por los arquitectos Espinet, Ubach, y J. M. Hernández León en el ascenso al Vall d'Hebron, aunque formalmente es casi una fidedigna copia de la edificada en 1938 en la explanada del Trocadero, está despojada de todo sentimiento de adhesión comunitaria que el contexto social de su tiempo propició. La sociedad para la que se reconstruyó, la de nuestro tiempo, es extraña: no se siente identificada con esta arquitectura ni con lo que representaba; tiene otros problemas, otras inquietudes. El objeto se ha convertido en una reliquia despojado de su significado original.

Igual podríamos decir del Pabellón de Alemania. La revolución técnica y espacial que en su día supuso su materialización, tornando el objeto en manifiesto arquitectónico, está superada por los tiempos actuales, habiéndose convertido en rutinaria y habitual. Lo sorpresivo ha desaparecido. El edificio reconstruido, despojado de su carácter revolucionario, es reducido por el sujeto social a la categoría de anécdota histórica; cuando no de curiosidad.

Patrones parecidos se dan en la reproyectación que Corrales y Molezún hicieron de su Pabellón de Bruselas. Lo que en su día fue un hito para la arquitectura española hoy perece de desidia. El colectivo ha dictaminado su falta de interés, preocupado por otras formas que se adecuen más correctamente a la expresión de su tiempo.

Haciendo válidas las palabras de Mies van de Rohe: "la arquitectura es la voluntad de la época expresada espacialmente", podemos concluir que la restitución de estos elementos arquitectónicos, para una comunidad diferente, imposibilita la reproducción originaria de la relación objeto-sujeto, cuestión que se antoja como central en la cuestión de la reconstrucción de estas edificaciones ausentes. Pretender volver a materializar arquitecturas que pertenecen a la memoria es una cuestión que se antoja quimérica. Ante la imposibilidad de restituir un original solo somos capaces de edificar fábulas. Mitos que renacen en una sociedad que les es ajena y a la que no pertenecen, a los que se les dota –exigencias del mercado– de un uso ajeno y a los que se les obliga a realizar labores de cosmética con el fin de poder asegurar nuevas condiciones de confort. Tal vez todo sea más sencillo y en realidad la cuestión sea tan simple como plantearse que la obra de arte es en sí un valor único e irrepetible difícil de volver a imitar y que los viajes en el tiempo tan solo deberían quedar en el imaginario de la literatura de George Wells.

Notas

1. Ignasi de Solá-Morales. "L`Exposició Internacional de Barcelona 1914-1929". Arquitectura i Ciutat, Barcelona 1985.
2. Ignasi de Solá-Morales, Cristian Cirici y Fernando Ramos. Mies Van der Rohe, "El Pabellón de Barcelona", Barcelona: Gustavo Gili. 1993, p. 26.
3. La idea nació del propio Oriol Bohigas que en 1959, y como secretario del Grupo R, se dirigió al arquitecto Mies van der Rohe proponiéndole la reconstrucción del pabellón. Este acepto, incluso se comprometió dirigir las obras de manera gratuita. Sin embargo, la iniciativa no llegó a prosperar entre las administraciones. De Solá-Morales, *op. cit.*, p. 26.
4. De Solá-Morales, *op. cit.*, p. 26.
5. Es de destacar la conocida polémica entre Oriol Bohigas y Carlos Sambricio, a finales de la década de los años 80, respecto al alcance de la participación de Luis Lacasa en el proyecto. En mi opinión, el arquitecto afincado en Madrid no jugó un papel destacado en su ejecución, limitándose a labores administrativas o de enlace. Por la propia la configuración formal e ideológica del proyecto se podría afirmar que su paternidad debería ser atribuida a José Luis Sert. N.A.
6. "Sobre la polémica en torno a su adjudicación", Arquitectura Viva, n°21, 1992, p. 49.
7. ON Diseño, n° 140.
8. Revista Nacional de Arquitectura, n° 198, junio 1958.
9. AA.VV. Corrales y Molezún, "Pabellón de España en la Exposición Universal de Bruselas 1958", colección: Arquitecturas Ausentes del siglo XX, N°5, 2004, p 24.
10. AA.VV *op. cit.*, p.41.
11. AA.VV *op. cit.*, p.25.

Bibliografía

De Solá-Morales. "L`Exposició Internacional de Barcelona 1914-1929". Arquitectura i Ciutat, Barcelona 1985.

De Solá-Morales, Cristian Cirici y Fernando Ramos, "Mies Van der Rohe, el Pabellón de Barcelona", Barcelona: Gustavo Gili. 1993.

Arquitectura Viva, n°21, 1992.

ON Diseño, n° 140.

Revista Nacional de Arquitectura, n° 198, junio 1958.

AA.VV. Corrales y Molezún, "Pabellón de España en la Exposición Universal de Bruselas 1958", colección: Arquitecturas Ausentes del siglo XX, N°5, 2004.

El Hospital de Venecia 1963-65 LC
Una micrografía de la ciudad

CLAUDIO DANIEL CONENNA

"One cannot build high; it would be necessary to be able to build without building. And then it is necessary to find the scale…"
Le Corbusier, *Thinking of doing the hospital for Venice,* 1966

1. Edificio y ciudad

Se podría decir según el contexto histórico que si éste hospital se hubiera construido, habría sido un atractivo hito arquitectónico de la modernidad junto a los ya existentes desde la época Bizantina en el paisaje urbano veneciano. Cada época pasada ha sabido expresar su propio *zeitgeist*. Algunos ejemplos característicos son: la Piazza San Marco, la homónima Basílica bizantina, el gótico Palazzo Ducale, el edificio Procuratie Vecchie y la Biblioteca de Sansovino del Renacimiento. El Manierismo Palladiano con Il Redentore y San Giorgio Maggiore; el Barroco de Santa María della Salute; el Neoclasicismo del Palazzo Grassi y de Santa Maria della Pietà. En el siglo XIX el Ala Napoleónica en la Piazza San Marco y el Albergue Excelsior en el Lido. Y, en el siglo XX el Palazzo del Casino en el Lido y la Caja de Ahorro de Venecia obra de P.L. Nervi. Podría esta lista seguir completándose si se hubiera construido la obra en cuestión, incluyendo actualmente el IUAV (Instituto Universitario de Arquitectura de Venecia) proyecto de Enric Miralles y Benedetta Tagliabue. De esta manera, es claro verificar lo significativo que sería incorporar nuevas propuestas creativas e innovadoras de la contemporaneidad en este paisaje urbano tan particular.

Lo notable del hospital al que podríamos denominar *"trama mental-arquitectural"*, hubiera sido su contribución al enriquecimiento arquitectónico-urbano, dejándonos un mensaje directo de cómo *"Intervenir en Venecia"* sin destruir la atmósfera, ni la esencia tipológica espacial que identifican la ciudad. El proceso natural generado en su pasado histórico arquitectónico ha sido integrar, y no sencillamente agregar nuevas piezas de arquitectura, las cuales, definen el espíritu de cada época en todos sus aspectos, en especial desde la renovación de los programas arquitectónicos que la sociedad requería hasta los actualizados sistemas tecnológicos de construcción que este singular contexto urbano demandaba para su supervivencia. Siempre considerando las riquezas espaciales y formales que esos programas pudieran proveer y aportarle a una ciudad que por sus características físicas requiere necesariamente una constante innovación. Así, en su imagen de *creativo collage*, la ciudad adquiere una identidad dialogante de épocas a través de las formas arquitectónicas.

En la propuesta de LC para el hospital podemos advertir tres conceptualizaciones asociadas a la relación edificio-ciudad:

a) Monumentalidad controlada y escala contextualizada,

b) Racionalidad humanizada y regularidad modular flexibilizada,

c) Organicidad racionalizada y plasticidad ortogonalizada.

a) La escala edilicia del hospital, contribuye complementaria-mente al contexto urbano manteniendo la escala humana siempre presente en Venecia. La esquematización geométrica del proyecto define el desarrollo evolutivo de tejido orgánico que presenta la ciudad medieval, con forma de *"plato roto"*, hacia un orden racio-nal. La geometría racional euclidiana adaptada para el proyecto, la que es de por sí, a causa de su forma monumental, se contextualiza controladamente por su escala.

b) Las interrelaciones espaciales entre los llenos y vacíos, lo público y privado están expresadas por una organización de *trama ortogonal abierta* que se propone para el edificio. De este modo consigue relacionarse con el ambiente de la ciudad. Es una manera racional de proyectar la arquitectura intentando interpretar el paisaje urbano de Venecia, aunque resuelto formalmente desde de la lógica geométrica. Corredores, plazas, patios y jardines elevados son los espacios intermedios de la estructura ortogonal que intervienen en la composición de *llenos-construidos*. El modo regular de organización espacial, a base de módulos, favorece fisiológicamente a la flexibilidad de uso-cambio y al crecimiento.

c) La esencia de preservar la atmósfera del paisaje orgánico veneciano en la escala arquitectónica, se mantiene en la propuesta desde la óptica geométrico-matemática y la micrografía. La ejercitación creativa de traducción hermenéutica y cambio de escala de lo macro-gráfico a lo micro-gráfico es un medio de utilizar la imaginación de manera inventiva superando la lógica de la imitación. Dicha tarea, pareciera ser llevada a cabo por LC, al reconocer la riqueza espacial de la ciudad e interpretarla racional y geométricamente en escala de edificio. Tales valores exegéticos que se descubren dentro de esta micrografía, nos traen a la mente que: *"La micrografía es uno de los alojamientos de la grandeza y un ejercicio de frescura metafísica"*, según nos recuerda G. Bachelard [1].

2. Organización espacial del proyecto

El hospital está organizado espacialmente basándose en una "trama". Ésta, como tipo de organización espacial resulta emergente y frecuente durante las décadas de los años 50 y 60. El paradigma de Louis Kahn (1901-74) en muchos de sus edificios sigue ese tipo de ordenamiento espacial [2]. Otros ejemplos característicos son los desarrollados por los miembros del Team X: el Orfelinato de Ámsterdam (1955-60) de A. van Eyck, varias de las propuestas de G. Candilis, A. Josic y S. Woods [3], entre ellas la más significativa la Universidad Libre de Berlin (1963) y proyectos como la Escuela Hunstanton (1951-54); el concurso Langside (1958) y el estudio urbano para Kuwait (1968-70) de A.&P Smithson. La organización en trama de estos edificios se caracteriza por ser en general de baja altura, alta densidad y notable flexibilidad formal, funcional y espacial. Se logra así, evitar la separación de usos-funciones y la segregación entre arquitectura y ciudad propuesta por los CIAM, para generar un ensamble de interacción entre el espacio arquitectónico con el urbano, y el social con el privado.

En lo matemático-geométrico del hospital, debemos tener en cuenta el estudio de A. Colquhoun [4], de singular importancia por dos razones: Una porque logra descubrir en el orden tramado del hospital la serie de Fibonacci 8, 5, 3, 2, la que LC utilizara varios años antes para el desarrollo del *Modulor*, y segundo, porque revela la trama cuadrangular escondida debajo de la rectangularidad fenoménica de los esquemas de la planta. En otras palabras podríamos decir, que el sistema cuadrangular de la trama del hospital tiene niveles de lectura literales y fenoménicos donde lo evidentemente visible dialoga con lo aparentemente invisible.

Otros dos temas que fortalecen la propuesta espacial en "*trama*" del hospital son los pilotes y la planta libre. Debemos volver atrás en el tiempo y recordar que la obra de LC durante los años 20 está caracterizada por los puntos básicos de su arquitectura [5]. Los pilotes que normalmente facilitan entre otras cosas la planta libre, en el ejemplo en cuestión, se materializan a modo de palafitos de hormigón. La naturaleza penetra el edificio o pasa por debajo de él dejando así las plantas compuestas de manera libre. Muy probablemente en la memoria de Le Corbusier flotaban las antiguas construcciones lacustres de la Europa Central.

La libertad de la planta se verifica también en el diseño de esquema abierto, el que ofrece potencialmente la posibilidad de extensión y crecimiento futuros. El corte general es claro en su zonificación y se resume de la siguiente manera: En la planta baja se encuentran los ingresos al público, al personal, al servicio ambulatorio y a los cuidados de emergencia. Se plantean los locales de recepción, seguridad, administración, cocina, lavadero, calefacción y entre otras instalaciones complementarias una escuela de enfermería, comercios, trattoria-café, hotel, cine y una capilla.

En el primer nivel se hallan los servicios tecnológicos médicos, quirófanos, farmacia, morgue, laboratorios e instalaciones de recuperación fisioterapéutica. En el segundo nivel existe una circulación de nivel intermedio donde se instalan los servicios de esterilización y depósitos. En el tercero y último nivel se ubican las habitaciones.

La eficiencia funcional del corte general se ve ligeramente debilitada en el último nivel. Si bien el remate de la cubierta es interesante en lo morfológico y funcional, pues permite la aireación e iluminación de las habitaciones, flaquea en el tema de las visuales. La ventana en la habitación de un enfermo es en el aspecto psicológico un tema trascendental. A través de la ventana, a la altura de los ojos, el paciente se transporta imaginariamente al exterior, hace planes para cuando se recupere. Tiene la posibilidad de ver y acercarse al ambiente circundante exterior aunque más no sea visualmente. Más aun teniendo en cuenta que el paisaje es el veneciano.

Las habitaciones del hospital no plantean ventanas para las visuales. Aquí al maestro francés una vez más lo traicionó su fuerte racionalidad funcional ante el bienestar psicológico del hombre en relación con la ciudad. Hombre a quien, al menos en su objetivo teórico, desea enaltecer según lo manifestara en una carta al director del hospital [6].

Sin dudas, el pensamiento matemático, racional y maquinista de LC sigue dejando sus huellas aún en este proyecto donde el nivel de funcionalismo es preciso, la respuesta formal sigue con rigor geométrico la función específica del programa y su propuesta integral busca la relación morfológico-espacial con la ciudad. De modo que, la trama rectangular favorece no sólo en la organización racional de las estructuras hospitalarias, además por ser abierta contribuye con el plan de crecimiento, tema básico en los hospitales cuya tecnología y funcionamiento evolucionan continuamente. No es casual que A. Colquhoun lo llegue a denominar *machine à guérir* [7].

3. La representación en planta: un cuadro pictórico

Le Corbusier representa con los colores primarios las plantas y secciones del proyecto para clarificar el riguroso funcionamiento del hospital. La cromática que LC utiliza mayoritariamente para las tres plantas básicas son los colores primarios: el rojo, el azul y el amarillo, y como complemento, el gris y el negro. Con estos colores y el claro modo ortogonal con que organiza este edificio, no podemos sino compararlas con representaciones pictóricas de la modernidad abstracta perteneciente a la vanguardia de entreguerras, más precisamente la del Neoplasticismo. Y, para ser más exactos a la de Mondrian quien plantea una gama aún más amplia a la de la corriente De Stijl (1917-1931) que fundara junto a Theo van Doesburg y Gerrit Rietveld.

Si tuviéramos que comparar los dibujos del Hospital con dos composiciones de Mondrian, podríamos señalar dos: la "*Composición A*" (1919) y el "*Broadway boggie-woogie*" (1942-43). El primero del Neoplasticismo y el segundo de su época Post-Neoplasticista.

Es conocida en la obra de LC la relación entre la forma ortogonal clara y la plasticidad de la curva incorporada dentro de ella. Este sincretismo se encuentra materializado y directamente ligado a otro más general, el de la arquitectura con la pintura. LC inicia el desarrollo pictórico abstracto con el Purismo junto a A. Ozenfant influido por el Cubismo de Picasso. La Villa Savoye en Poissy, la Casa Curtuchet en La Plata (Argentina), el edificio Millowners en Ahmadabad (India), el Centro de Cálculos Electrónicos Olivetti en Milán o el Palacio de Congresos de Estrasburgo, por mencionar algunos edificios de distintas escalas y en diferentes etapas de su prolongada trayectoria, presentan este fragmento *Purista*.

En el hospital, sin embargo, ese detalle de incorporar la curva en la trama ortogonal no se observa, tal vez, porque la muerte lo sorprendiera antes de concluir la propuesta y el nivel de detalle al que arribó hasta este momento no se lo permitiera. El hecho es que ese diálogo de contrarios no aparece ni como gesto insinuador. Esta particularidad nos hace ver al hospital más *Neoplástico* que *Purista*.

La pintura como fuente de inspiración para la arquitectura no es nada nuevo en el diseño. Lo que si deviene innovador concretamente en el hospital y en Le Corbusier proyectista, es la difícil traducción de lo pictórico a lo netamente arquitectónico. Traslación que supera la frivolidad de lo icónico para convertirse en un hecho espacial y de utilidad funcional. Transposición que interpreta en tres dimensiones reales, definiendo lo visual del arte pictórico en vivencias espaciales, sin plagiar superficialmente las imágenes bellas de un cuadro:

> *"La riqueza cromática del cuadro ha de atraer con gran fuerza al espectador y al mismo tiempo ha de esconder su contenido profundo..."* sostiene W. Kandinsky [8].

Por otra parte, es sabido que Le Corbusier indujo a sus colaboradores en el momento de proyectar el hospital a interpretar la ciudad de Venecia a través de la pintura [9], especialmente la de Vittore Carpaccio (1450-1525) y la de Caneletto (1697-1768). Si nos detenemos en el segundo, quien con sus *"Capricci"* nos deja un cautivante mensaje metodológico de aprendizaje de la arquitectura, entenderemos mejor lo que Le Corbusier plantea en él. Se puede interpretar como un *"Capriccio Viviente"* donde su obra se integra al paisaje veneciano del mismo modo que el Palazzo Chiericatti, la Basílica de Vicenza y el Puente en Rialto de Palladio lo hacen en el *Capriccio* de Canaletto o la Catedral londinense de San Pablo de Christopher Wren según el *Capriccio* de William Marlow (1740-1813). Indudablemente, especulaciones de este tipo nos llevan a reforzar la visión de Colin Rowe [10], en *Collage City*, aunque en el caso de Le Corbusier se trate de un edificio enteramente nuevo y distinto de los que conforman su obra. Intentamos formular la hipótesis que si LC fuera más pintor o escenógrafo que arquitecto o fuese el Canaletto o el W. Marlow de nuestros tiempos, incorporaría pictóricamente la Villa Savoye, el Palacio de la Naciones de Ginebra u otro de sus edificios a la manera de collage en el paisaje veneciano. Por este motivo sostenemos que la integración del Hospital en Venecia es un *Capriccio Viviente*, pues incorpora su filosofía arquitectónica racional con una propuesta de edificio *ex-nuovo* en un ambiente romántico.

Es precisamente en esta dirección de lo matemático racional y lo geométrico-formal donde Palladio y Le Corbusier se encuentran espiritualmente en Venecia. Encuentro que no se halla lejos del que estudia el propio Colin Rowe en su ensayo *"Las Matemáticas de la Villa ideal"* [11] al desarrollar comparaciones entre la Villa Foscari con la Villa Roche, y la Villa Rotonda con la Villa Savoye.

La integración de la rigurosidad geométrico-matemática palladiana, se llega a materializar en el ambiente medieval veneciano con sus dos iglesias: Il Redentore y San Georgio Maggiore. De la misma manera se podría haber incorporado e integrado la racionalidad contemporánea corbusierana del hospital. El final en la realidad quedó abierto, sólo en la imaginación nos queda la demostración.

4. La continua renovación, un modo de "despedida"

El interrogante que deviene después de analizar el hospital de Venecia, última obra de Le Corbusier, es: ¿Hubiera planteado LC durante los años 20 y 30 un edificio como el que nos ocupa cuando pensaba y luchaba por imponer la idea del *zoning* y resolvía la arquitectura *alla manièra* purista? Si bien es cierto que, resulta imposible imaginar una propuesta concreta como esta en su primera época, sin embargo, podríamos afirmar que seguramente su propuesta habría estado filosóficamente cerca de los proyectos de gran escala planteados durante aquellos años tales como: el Ejército de Salvación en Paris, el Palacio de las Naciones en Ginebra, el Centrosoyus, o el Palacio de los Soviets en Moscú. Sostenemos esta hipótesis aun conociendo que LC había planteado un proyecto para la *Cité Universitaire* en 1925 donde la idea central era una trama y pareciera ser un punto de partida para la resolución del hospital [12]. Un hecho más convincente que éste es que Le Corbusier no se aleja prácticamente de lo que sucede en las nuevas generaciones de arquitectos. Y subrayamos esto porque es conocido que él no subscribía a la filosofía del Team X. No obstante ello, el Hospital de Venecia se aproxima arquitectónicamente a los ideales de los arquitectos de la tercera generación quienes planteaban tramas abiertas y flexibles. El paradigma más significativo es el orfelinato en Ámsterdam de Aldo van Eyck realizado aproximadamente una década anterior al hospital.

Le Corbusier con el paso del tiempo se va adaptando a las nuevas condiciones culturales de la arquitectura, como si no aceptara quedarse rezagado respecto de lo que proponen las nuevas generaciones. Así es posible detectar su paso de los ideales del CIAM a la aplicación de los conceptos del Team X formulado por sus colegas más jóvenes, imaginarios por los cuales parece verse sensibilizado. Especialmente en la forma de toma del terreno donde la abstracción contrastante del *"zoning"* arquitectónico en volúmenes le da lugar a la figuración adaptada al contexto concreto de implantación.

El hospital es una arquitectura que hace ciudad por su presencia y por su escala con elementos familiares a la realidad existente, cosa que no habría hecho en sus primeros años de lucha. A la vez, la ciudad se ve beneficiada, ya que se enriquece y embellece sin desidentificarse. Lo llamativo que ofrece LC en este proyecto es la potencialidad de cambio y crecimiento, así como adaptación racional a las formas existentes en el contexto, las construidas y los espacios intermedios de transición, asuntos que no se observan con frecuencia en sus propuestas de gran escala a lo largo de su trayectoria, excepto en algunas: por ejemplo, en el proyecto de viviendas Roq et Rob (1949) en Cap Martin donde la idea de cambio y crecimiento a partir de la célula de vivienda tienen sus bases en el desarrollo de la naturaleza y también de la tecnología de la construcción estandarizada [13].

Como quiera que sea, podríamos aseverar que LC se acerca, sin participar directamente, a la arquitectura del Team X con el Hospital de Venecia del mismo modo que Mies van der Rohe lo hace con el Pabellón Alemán en Barcelona a los ideales del Neoplasticismo.

El hospital de Venecia es su último mensaje arquitectónico concreto dentro del cual nos deja otro filosófico y más profundo e imperceptible a simple vista, casi a modo de carta de despedida: que la madurez del arquitecto se verifica cuando éste se sensibiliza frente los problemas reales y concretos del hombre y los traduce resolutiva y eficientemente en arquitectura. Esa prudencia y sensatez lo conducirá a desarrollar propuestas creativas que superan el egocentrismo y la vanidad de querer ser original por el camino de la extravagancia sin contenido y de la representación gráfica sin arquitectura.

Notas

1. Bachelard, "La Poética del Espacio", México: FCE, 2005, pp. 181,187.
2. Proyecto de la casa Adler (1954) en Filadelfia, Centro Comunidad Judía (1954-59) en Trenton, Escuela India de Administración en Ahmedabad (1963), Centro de Arte y Estudios Británicos (1969) en Yale en New Haven o el Museo de Arte Kimball (1967-72) en Texas entre otros.
3. Concurso de Toulouse 1961, Caen 1961-62, Bochum 1963, Frankfurt-Römerberg 1963, Fort Lamy 1964-65, La Universidad de Toulouse 1971-73.
4. Colquhoun Alan, "Essays in Architectural Criticism, modern architecture and historical change", New York: The MIT Press, 1982, p. 38.
5. Los puntos básicos son: planta libre, fachada libre, estructura independiente, ventanas alargadas y pilotes.
6. Allard, Pablo, "Bridge over Venice" en Sarkis Hashim, "Le Corbusier's Venice hospital", New York: Prestel, 2001, p. 25. "I have decided to attend to your problem, the new Venice Hospital. A Hospital is House of a man, as the habitation is the "house of a man". The key is always a man…That's how the problem present itself. Happiness is a fact of harmony. What relates to the plans of your hospital will extend to its surroundings by a process of osmosis. It is for love of your city that I accept to work for you".
7. Colquhoun, op. cit., p.39.
8. Kandinsky Wassily, "De lo Espiritual en arte", Barcelona: La Caixa, 199, p. 7.
9. Allard, op. cit., p .25.

10. Colin Rowe, F. Koetter, "Collage City", Barcelona: G. Gili, 1981, pp. 174-176
11. Colin, Rowe, "Arquitectura Moderna y otros ensayos", Barcelona: G. Gili, 1978, pp.9-33.
12. Allard, *op. cit.*, p .24.
13. Curtis William J.C., Le Corbusier: Ideas and Forms, Oxford: Phaidon, 1986. p.214.

Bibliografía

Bachelard Gastón, "La Poética del Espacio", México: FCE, 2005.
Colin, Rowe, "Arquitectura Moderna y otros ensayos", Barcelona: G. Gili, 1978.
Colin, Rowe, F. Koetter, "Collage City", Barcelona: G. Gili, 1981
Colquhoun Alan, "Essays in Architectural Criticism, modern architecture and historical change", New York: The MIT Press, 1982.
Curtis William J.C., Le Corbusier: Ideas and Forms, Oxford: Phaidon, 1986.
Kandinsky Wassily, "De lo Espiritual en arte", Barcelona: La Caixa, 1996.
Sarkis Hashim, "Le Corbusier´s Venice hospital", New York: Prestel, 2001.

40

Ubicación de la Universidad, John Henry, Cardenal Newman (1801-1890)

PAVEL GRANADOS CHAPARRO

Si deseáramos saber qué es una Universidad, considerada en su idea primordial, debemos dirigirnos nosotros mismos a la primera y más celebrada casa de la literatura y fuente de la civilización europeas, a la brillante y hermosa Atenas, -Atenas, cuyas escuelas dibujaron su seno, y luego entregaron nuevamente al negocio de la vida la juventud del mundo occidental por un largo milenio. Asentada en el borde del continente, la ciudad parecía difícilmente digna de las obligaciones de una metrópoli central de conocimiento; sin embargo, lo que olvidó por la conveniencia de su integración, lo aventajó por su proximidad con las tradiciones del misterioso Oriente y por la hermosura de la región en la cual yacía. Aquí, entonces, como en una suerte de tierra ideal, donde todo arquetipo de lo grande fuera encontrado como ser sustancial, y todo territorio de veracidad, explorado, y toda diversidad de poder intelectual, exhibida, donde gusto y filosofía fueran entronados majestuosamente como en una corte real, ahí donde no fuera otra soberanía que la de la mente, y no otra nobleza que la del genio, donde los profesores fueran soberanos, y los príncipes les rindieran homenaje; aquí, nutrida continuamente desde los muchos rincones del *orbis terrarum*, la generación multilingüe, justamente ascendente, o justamente emergente hasta llegar a la humanidad, a fin de adquirir sabiduría.

Pisístrato, en su temprana edad, descubrió y crio el genio infantil de su pueblo, y Cimón, después de la guerra persa, le había dado un hogar. Esta guerra había establecido la supremacía naval de Atenas; la cual se convirtió en un estado imperial; y los Jonios, atados a ella por la doble cadena del parentesco y la sujeción, fueron importantes en ella por su comercio y su cultura. Las artes y la filosofía de la costa asiática fueron fácilmente llevadas a través del mar, y ahí estuvo Cimón, como he dicho, con su amplia fortuna, listo para recibirla con los debidos honores. No contento con proteger a los profesores, construyó el primero de estos nobles pórticos, de los cuales escuchamos tanto en Atenas, y formó las arboledas, las cuales, con el paso del tiempo, se transformaron en la celebrada Academia. La jardinería es uno de los más elegantes, como en Atenas fue uno de los más beneficiados de los oficios. Cimón se hizo cargo del bosque virgen, lo podó y lo cultivó, y lo pensó con hermosos caminos y agradables fuentes. Ni, mientras fue hospitalario con los autores de la civilización de la ciudad, fue ingrato con los instrumentos de su prosperidad. Sus árboles extendieron su frescura, umbrosas ramas sobre los mercaderes, quienes se reunieron en el ágora por muchas generaciones.

Estos mercaderes ciertamente habían merecido este acto de generosidad; por todo el tiempo que sus embarcaciones habían transportado fuera la fama intelectual de Atenas al mundo occidental. Entonces comenzó lo que puede ser llamado la existencia de su Universidad. Pericles, quien sucedió a Cimón tanto en el gobierno como en el mecenazgo del arte, es recordado por Plutarco como el animador de la idea de hacer de Atenas la capital de la Grecia federada: en esto, fracasó, pero el estímulo de hombres tales como Fidias y Anaxágoras marcó el camino a la obtención de una soberanía mucho más duradera sobre un extensísimo imperio. Con poca comprensión de las fuentes de su propia grandeza, Atenas iría a la guerra; la paz es el interés de un centro comercial y artístico, pero la guerra fue; aunque a ella, guerra o paz, no le importó. El poder político de Atenas menguó y desapareció; los reinos se levantaron y cayeron; los siglos transcurrieron sin cesar -pero al hacerlo trajeron frescos triunfos a la ciudad del poeta y del sabio. En tal periodo el aceitunado moro y el español fueron vistos acercándose hacia el galo de ojos azules; y el de Capadocia, antiguo súbdito de Mitrídates, fijó la mirada sin sobresalto en la altanera conquista Romana. Ocurrió revolución tras revolución sobre el rostro de Europa, así como en el de Grecia, pero ella estuvo continuamente allí -Atenas, la ciudad de la mente-, tan radiante, tan espléndida, tan delicada, tan joven, como siempre había sido.

Más de una costa o isla fructífera es bañada por el azul Egeo; más de un punto es allí más bello o sublime para ver; más de un territorio, mucho más amplio; pero ahí hubo un encanto en ática, el cual, con la misma perfección, no existió en ninguna otra parte. Las profundas pasturas de la Arcadia, la llanura de Argos, el valle de Tesalia, ellos no tuvieron ese don; Beocia, la cual yacía a su norte próximo, era notoria por su mucha necesidad de tal don. La pesada atmósfera de aquella Beocia es posible que sea buena para la vegetación, pero fue asociada por la creencia popular con la estupidez de sus habitantes: por el contrario, la especial pureza, elasticidad, claridad y salubridad del aire de ática, su justo concomitante y emblema de su genio, hizo por ella lo que la tierra no hizo; -produjo cada brillante color y delicada sombra del paisaje sobre el cual fue diseminado, habría iluminado el rostro de un país más desnudo y tosco.

Un restringido triángulo, tal vez de 93 kilómetros su longitud máxima y 56 kilómetros su anchura máxima; dos elevadas barreras rocosas que se encuentran en un ángulo; tres montañas prominentes, dominando el llano; -Parnis, Pendelikón e Imittós; un suelo insatisfactorio; algunos ríos, no siempre abundantes; -tal es más o menos el reporte que el agente de una compañía Londinense habría hecho del ática. Referiría que el clima es ligero; las colinas, calizas; que allí había abundancia de mármol bueno; más tierra de pastura de la que podría haberse esperado después de un primer examen, ciertamente suficiente para ovejas y cabras; zona pesquera productiva; minas de plata antiguamente, pero agotadas hace mucho, bellas higueras, aceite magnífico, olivos en profusión.

Pero lo que él no pensaría apuntar es que el árbol de oliva, tan selecto en naturaleza y tan noble en aspecto, que provocó una veneración religiosa, se expande en los bosques sobre llano abierto y asciende y orla las colinas. No pensaría escribir ninguna palabra a sus patrones sobre cómo ese aire claro del cual he hablado, sacó a relucir, empero mezclado y suavizado, los colores del mármol, hasta que tuvieron suavidad y armonía por su riqueza, la cual en una descripción parece exagerada pero, después de todo, está dentro de la verdad. No diría cómo esa misma delicada y brillante atmósfera refrescaba el pálido olivo, hasta que olvidó

43

su monotonía y su mejilla enrojeció semejante al madroño o a la haya de las colinas de Umbría. No diría nada del tomillo y las mil fragantes hierbas que alfombran el Imittós; no oiría nada del zumbido de sus abejas, ni tomaría en cuenta el raro sabor de su miel, desde entonces Gozo y Menorca fueron suficientes para la demanda inglesa.

Vería sobre el Egeo desde la altura a la que había ascendido; seguiría con sus ojos la cadena de islas, las cuales comenzando por cabo Sunion, parecieron ofrecer a las divinidades míticas del ática, cuando visitaran a sus primos Jónicos, una suerte de viaducto a través del mar; pero esa afición no le ocurriría, ni una admiración a las oscuras olas violetas con sus bordes blancos hacia abajo, ni de ese gracioso chorro de plata en forma de abanico sobre las rocas, el cual se levanta hacia arriba lentamente semejante a los espíritus acuáticos del mar, luego tiritar, y romper, y extenderse, y refugiarse, y desaparecer en una suave niebla de espuma; ni del suave, incesante levantar y jadear del llano líquido; ni de las largas olas, que acatan un tiempo constante, parecidas a una línea soldadesca, como ellos, resuenan ensordecedoras sobre la hueca costa, -No se permitiría aludir a ese inquieto elemento viviente de ningún modo excepto para alabar las estrellas que no percibió. Ni los claros detalles, ni la refinada coloración, ni el gracioso contorno y rosáceo color dorado de los despeñaderos sobresalientes, ni la escarpada sombra lanzada desde el Oto o Laurion por el sol declinante; nuestro agente de una firma mercantil no apreciaría estas cosas incluso en una figura baja.

Antes de que debamos voltearnos por la compasión, buscamos a aquel estudiante peregrino que viene desde una tierra semibárbara hasta ese pequeño rincón de la tierra como a un santuario donde él podría cautivarse con la abundancia de miradas en estos emblemas y resplandores de divina e invisible perfección. Fue el extranjero de una remota provincia, de Bretaña o de Mauritania, quien en una escena tan diferente de aquella de sus frías, ciénagas arboladas, o de sus ardientes, arenales asfixiantes, aprendió al instante qué debe ser una Universidad real, comprender por advenimiento el tipo de país que era su hogar adecuado.

Ubicación de la Universidad, John Henry, Cardenal Newman (1801-1890)

No fue esto todo lo que una Universidad requirió y encontró en Atenas. Nadie, aún allí, podría vivir de la poesía. Si los estudiantes en ese famoso lugar no tuvieran nada mejor que brillantes colores y sonidos calmantes, no habrían sido capaces o estado dispuestos a cambiar su residencia a ese lugar de tanta consideración. Por supuesto que deben tener los medios de vida, e incluso, en un cierto sentido de disfrute, si Atenas debiera ser un Alma Mater en esa época, o permanecer después como un pensamiento placentero en su memoria. Y así fue: sea recordada Atenas como un puerto, y un centro comercial, tal vez el primero en Grecia; y esto fue muy pertinente, cuando una cantidad de extranjeros fue siempre concurrente a ese lugar; cuya lucha debía ser con dificultades intelectuales, no físicas, y quienes proclamaron tener proporcionados sus deseos corporales, es posible que estén desocupados para comenzar a amueblar sus mentes.

Ahora bien, estéril como fue el suelo del ática, y vacío el rostro de la región, todavía tuvo de veras muchos recursos para una elegante, y aún, lujuriosa residencia allí. Tan abundantes fueron las importaciones del lugar, que fue frase común, que las producciones, las cuales eran encontradas individualmente en otras partes, fueron traídas todas juntas a Atenas. Trigo y vino, la materia de subsistencia en tal clima, vinieron de las islas del Egeo; lana fina y alfombras, del Asia Menor; esclavos, como ahora, del mar Negro, y madera también; y hierro y cobre, de las costas del mediterráneo. El ateniense no se digna a manufacturar para sí mismo, pero animó a otros; y una población de extranjeros asumió la ocupación lucrativa tanto para consumo casero como para exportación. Sus paños, y otras texturas para vestido y accesorios, y su quincalla -por ejemplo, armaduras- tuvieron gran demanda. La mano de obra fue barata; piedra y mármol en abundancia; y el gusto y el entendimiento, los cuales al principio fueron consagrados a los edificios públicos, como templos y pórticos, fueron con el transcurrir del tiempo, aplicados a las mansiones de los hombres públicos. Si la naturaleza hizo mucho por Atenas, es innegable que el arte hizo mucho más.

Aquí, alguien me interrumpirá con la observación: "A propósito, ¿dónde estamos y a dónde estamos yendo? ¿Qué tiene todo esto qué ver con una Universidad? ¿Al menos, qué tiene que ver con la educación? Es instructivo, indudablemente, pero, con todo, qué tiene que ver con su materia?" Ahora suplico que el lector confíe en que soy el más concienzudamente ocupado en mi materia y que yo debiera haber pensado que todos habrían notado esto: sin embargo, ya que la objeción está hecha, puedo hacer una pausa por un rato, y mostrar claramente las cosas arrastradas por la corriente de la que he estado hablando, antes de que vaya más lejos.

¡Qué tiene esto que ver con mi materia! ¿Por qué el asunto de la situación es, en verdad, la primera que viene a consideración cuando un Studium Generale es contemplado? Para que esa situación fuera liberal y única. ¿Quién lo negará? Todas las autoridades se ponen de acuerdo en esto: y verdaderamente, una pequeña reflexión será suficiente para aclararlo. Recuerdo una conversación que alguna vez tuve sobre este preciso asunto con un hombre en verdad eminente. Era yo un joven de dieciocho, dejaba mi Universidad para las vacaciones largas, cuando me encontré a mí mismo acompañado en un carruaje público de una persona de edad madura, cuyo rostro era extraño para mí.

Sin embargo, era la gran luminaria académica del día a quien después conocí muy bien. Afortunadamente para mí no lo sospeché; y, afortunadamente también, fue una inclinación de él, como sus amigos lo supieron, hacer relaciones fáciles, en especial con compañeros de diligencias. Así es cómo, con mi petulancia y su condescendencia, logré escuchar muchas cosas, las cuales eran nuevas para mí en esa época y un punto en el cual él era fuertemente superior, y era evidentemente afectuoso como instancia, fue la pompa y circunstancia material con la cual se debería rodear un gran sitio de aprendizaje. Creía que esto era digno de la consideración del gobierno, en caso de que Oxford no se hubiera puesto de pie en posesión de lo suyo. Una amplia cordillera, digamos seis kilómetros y medio de diámetro, habría sido convertida en bosque y pradera, y la Universidad habría sido rodeada por todos lados por un magnífico parque, con árboles finos en grupos y arboledas y avenidas, y con vislumbres y vistas de la bella ciudad, tal como el viajero la describió de cerca. No hay nada, seguramente, absurdo en la idea, aunque realizarlo costaría una suma considerable. ¿Qué mejor derecho para las posesiones más puras y bellas de la naturaleza que el asiento de la sabiduría? Así pensaba mi compañero de coche; y sólo expresaba la tradición de siglos y el instinto de la humanidad.

Por ejemplo, tenemos la gran Universidad de París. Esta famosa escuela acaparó como territorio suyo toda la ribera sur del Sena, y ocupó una mitad, la más placentera mitad, de la ciudad. El Rey Luis tuvo la bella isla, con razón, como suya propia, -fue apenas más que una fortificación; y el norte del río fue donado a los nobles y ciudadanos para hacer lo que pudieran con sus pantanos; pero el idóneo sur, ascendente desde el arroyo que bañaba alrededor de la base, de la bella cumbre del Santa Genoveva, con sus amplias praderas, sus viñas y sus jardines, y con la sagrada elevación del Montmartre enfrentándolos, todo esto fue la herencia de la Universidad. Allí estuvo ese placentero Pratum yacente a lo largo de la ribera del río, en el cual los estudiantes por siglos se recrearon, al cual Alcuino parece mencionar en sus versos de despedida a París, y la cual ha dado nombre a la gran Abadía de Saint Germain-des-Prés.

Durante largos años estuvo dedicada a los propósitos del inocente y sano disfrute; pero tiempos malos llegaron a la Universidad; el desorden surgió en sus inmediaciones, y la hermosa pradera se tornó la escena de alborotos de partido, la herejía acechaba por Europa; y Alemania e Inglaterra ya no enviaban a sus contingentes de estudiantes, una pesada deuda fue la consecuencia para el cuerpo académico. Abandonar su tierra fue el único recurso que les quedó: edificios levantados sobre ella, y extendidos a lo largo del verde césped, y la campiña se volvió en toda su extensión, pueblo.

Grande fue el pesar y la indignación de los doctores y maestros cuando ocurrió esta catástrofe. "Una vista miserable" dijo el Proctor de la nación alemana, "una vista miserable para atestiguar la venta de aquel antiguo señorío, donde las Musas estuvieron acostumbradas a vagar en busca de retiro y placer. ¿A dónde se trasladará ahora el joven estudiante, qué ayuda encontrará para sus ojos, cansados con la intensa lectura, ahora que la placentera corriente se le ha quitado?" Dos siglos y más han pasado desde que esta queja fue pronunciada; y el tiempo ha mostrado que la calamidad externa, que recordaba, era sino el emblema de la gran revolución moral que debía seguir, hasta que la institución por sí misma ha continuado sus verdes praderas en la región de cosas que alguna vez fueron y ahora no son.

48

Bibliografía
Newman, Idea of a University (1852 and 1858 | 1873), Oxford: Clarendon Press, 1976.

Arquitectura Plurifamiliar Nómada
Lugar de llegada, lugar de partida

HERNÁN GUERRERO FIGUEROA

Introducción

El diseño arquitectónico para construcciones nómadas pone de manifiesto que su solución va más allá de sola solución de necesidades del hombre. Esta condición nómada del hombre, es ante todo una posición de vida; en donde la respuesta arquitectónica debe considerar otros campos de conocimiento como el de las humanidades para encontrar alternativas de diseño que respondan a la realidad de ese hombre.

"Los caracoles construyen una casa que llevan consigo. Así el caracol está siempre en casa, viaje donde viaje"
Gaston Bachelard

A poco tiempo ya de entrar en un nuevo milenio, no es muy frecuente considerar a las tiendas u otras construcciones provisionales como arquitectura, a pesar de que millones de personas vivieron, viven y vivirán en ellas temporal o permanentemente. "Constatamos también que con pocas excepciones ninguna dirección artística ha sido vinculada exclusivamente con la construcción de tiendas. Los motivos son diversos. La historia de la construcción y la arquitectura se ha ocupado comprensiblemente sólo de la búsqueda y mantenimiento de obras o ciudades completas o parcialmente conservadas y no en cambio de las tiendas u otras construcciones provisionales. La historia del arte considera la tienda en sus representaciones gráficas como un elemento decorativo o como un elemento que da un significado a una acción" (Guerrero, 2000).

Parto de concebir que las viviendas nómadas también son arquitectura, pues implican una posibilidad de cobijo para el hombre, responden a sus necesidades físicas y también espirituales. En ellas está claramente manifiesto que su hábitat implica mucho más que la satisfacción física de cubrirse de las inclemencias del clima, es ante todo manifestaciones de la actitud nómada ante la vida, que poseen muchas personas. El ser nómada no es una actitud de los últimos tiempos, el hombre desde que aparece en la tierra ha optado por vivir en un solo sitio o el estar viajando de un lugar a otro teniendo así diversidad de asentamientos.

Esa condición de nómada ha determinado un tipo especial de techo, cuyo diseño, como es obvio, determina ciertas condiciones que le son inherente a este tipo de arquitectura. "La casa proyecta una enorme sombra, si no como abrigo, como metáfora, viva, muerta y mezclada. Es el receptáculo de nuestros sueños y anhelos, recuerdos e ilusiones. Es, o al menos creo que debería ser, el instrumento de la transición del estar al bienestar". Por lo tanto como arquitecto es mucho lo que se puede hacer, no creo que se deba seguir pensando que estos asuntos no son de nuestra competencia profesional porque la arquitectura tiene que ver de una u otra forma con todos los que la habitamos, "ninguna arquitectura que trabaje a favor del hombre en lugar de contra él está superada" (Rudofsky, p.5).

Hipótesis

"Los marginales han vuelto a descubrir lo que hace tiempo fue olvidado por las sociedades más sofisticadas, que su cobijo puede encarnar su filosofía"
Bill Voyd

Las comunidades nómadas latinas se asientan en un lugar determinado bajo condiciones de arraigo favorables a su condición humana, contando con un diseño arquitectónico propio de cada comunidad que le permita al interior un rápido, eficaz y fácil asentamiento y al exterior un modelo inserto que guarda cierta relación con el entorno urbano y rural.

El ejercicio arquitectónico toma como herramienta de diseño el trabajo del arquitecto con la comunidad donde conocer sus condiciones, necesidades, expectativas y forma de vida para luego traducirlas en una respuesta de diseño es fundamental, pues en estos lineamientos encuentra bases que le permiten una solución que salga del mismo hombre que habitará esa arquitectura.

Hombre y mito

"El que vive en tiendas, disponible y sin equipajes, es el que corre hacia Dios."
Cf. Ex 13,20

"Toda sociedad tiene su propia concepción del universo. Sus miembros saben decir qué forma tiene el mundo, quién lo creó, si fue creado, cómo aprendieron los hombres a cultivar la tierra y a fabricar los instrumentos, qué posición tiene la sociedad tribal frente a las demás, quién instituyó sus reglas sociales. Muchos de estos conocimientos están contenidos en los mitos guardados por la tradición tribal" (Guerrero, 2000).

El anterior planteamiento realizado por Melatti nos reafirma que los mitos son, ante todo, narraciones de acontecimientos cuya veracidad no es puesta en duda por los miembros de una sociedad. Muchas personas piensan, aún hoy en día, que los mitos nada más son descripciones deformadas de hechos que realmente ocurrieron. En realidad, según lo afirma el mismo autor y siguiendo con la misma cita "todo indica que los mitos tienen más que ver con el presente que con el pasado de una sociedad. Aunque las narraciones míticas siempre colocan los acontecimientos de que tratan en tiempos pretéritos, remotos, no dejan de reflejar el presente, ya sea en lo que toca a las costumbres o en lo que toca a los elementos tangibles, como los artefactos" (Guerrero, 2000).

Mito generador de cobijo nómada

Si existe el día, también existe la noche, si existe la tierra es porque contamos también con el cielo. Son muchos las descripciones que nos hablan del hombre de las cavernas que pasó luego a tener una vida sedentaria. Sin embargo, si contamos con este tipo de hombre también debemos contar con el hombre nómada que tendrá como opción de vida trasladarse siempre de un lugar a otro.

Herskovits, hablando del hombre prehistórico, plantea que nuestra deuda con este hombre es impresionante, "todos los descubrimientos básicos de las técnicas que caracterizan los modos actuales de vida se hicieron en una época en que la economía del hombre se caracterizaba por el uso de herramientas de piedra" (Guerrero, 2000) y nos da una amplia perspectiva de la primera revolución del hombre, la neolítica donde el hombre vivía con una economía cazadora y recolectora, lo cual hizo posible una serie de sistemas económicos y sociales que solamente podían subsistir a base de una alimentación segura y abundante proporcionada por la domesticación de animales y el cultivo de plantas.

Siguiendo con la idea de ese hombre nómada encontramos también evidencias relacionadas a la existencia de sus tiendas desde periodos antiguos, como es el caso de la pintura sobre la superficie de las cavernas, "en algunos murales aparecen numerosas figuras semejantes a tiendas, llamadas tectiformes, que según se cree son diagramas de construcciones de madera", (Guerrero, 2000).

Ahora bien, la idea del hombre nómada la reafirma Joseph Rykwert cuando menciona que "Wright en su libro The Living City, publicado por primera vez en 1945, habla de que la humanidad estaba dividida en moradores de cavernas, agricultores y tribus nómadas de cazadores-guerreros; y podríamos encontrar al nómada saltando de rama en rama en la frondosa enramada del árbol, sujetándose en el enroscado extremo de su cola, mientras el estólido amante del muro buscaba su seguridad escondiéndose en algún agujero del terreno o en una cueva ¿el mono? El habitante de las cuevas se convirtió en el hombre de las cavernas. Empezó a construir ciudades, su dios era un maligno asesino...

Erigió su dios dentro de un misterioso pacto. Cuando pudo, hizo a su dios de oro, y aun lo hace. Pero su hermano, más andarín y viajero, ingenió un alojamiento más adaptable y esquivo: la tienda plegable. Era el aventurero y su dios, un espíritu tan devastador o tan benéfico como el mismo" (Guerrero, 2000). Y continua esta cita afirmando que los buenos y los malos no permanecieron separados: las conflictivas naturalezas humanas han conquistado, han sido vencidas, se han casado y vuelto a casar; han producido otras naturalezas; fusión en unas cosas, confusión en otras.

"Wright presenta al nómada como prototipo de demócrata, mientras que el agricultor cavernícola es la encarnación de la antidemocracia. Wright pensaba que "en cuestión de cultura la sombra-sobre-la-pared ha parecido hasta ahora predominante. Por eso está emergiendo un tipo humano capaz de cambiar rápidamente del antiguo gran muro. En la capacidad de cambiar tenemos el nuevo tipo de ciudadano. Lo llamaremos demócrata"

(Guerrero, 2000). Esta división de la humanidad en malos terrícolas y buenos y espirituales constructores de tiendas, no es más que una variante entre Caín y Abel, entre el bien y el mal, entre el blanco y el negro todo, como una lógica de opuestos.

Debido a las anteriores anotaciones reafirmo que este hombre nómada genera entonces un tipo diferente y particular de arquitectura acorde a su condición de desplazamiento, y es allí donde ese peregrinar hace parte de la vida del hombre, va consigo donde quiere y forma parte de su vida, condición que debe tenerse en cuenta en el diseño arquitectónico.

Peregrinaje

Al parecer disponemos de pocas fuentes para investigar las primeras tiendas utilizadas por el hombre en los principios de la historia. Las primeras conclusiones y pruebas convincentes según Frei Otto nos las aportan las excavaciones de campamentos que datan de 30,000 años. En las culturas primitivas más elevadas encontramos amplias descripciones y, sobre todo, muchas representaciones precisas. Las tiendas más conocidas cuyo origen data de 3 milenios atrás es la -tienda de Dios- de los israelitas que durante sus 40 años de éxodo peregrinaron por el desierto viviendo sin duda en tiendas. En la Biblia se menciona que "desde Ramses se llega a Sukot" (Guerrero, 2000).

Los intérpretes de los nombres afirman que entre los hebreos Sukot significa tiendas. La tienda fuera de satisfacer sus necesidades de techo representó para ellos el cambio a la libertad. Ya no estaban cubiertos por palacios de esclavitud sino que estaban cubiertos bajo tiendas de libertad. Era ante todo un peregrinar en busca de Dios.

Por consiguiente, y teniendo en cuenta las diferentes descripciones que encontramos en la Biblia, podemos concluir que para el pueblo conducido por Moisés el peregrinar era, ante todo, una nueva actitud de vida. En la tienda de Dios se guardaba el arco con las tablas de la ley. Al pasar los israelitas a la vida sedentaria, la tienda móvil se transforma en el tabernáculo y finalmente en el templo de piedra.

Hombre y permanencia

"Quisiera que me trajeras una tienda tan ligera que un solo hombre pudiera transportarla en la palma de la mano y lo suficientemente grande para que cupiera en ella mi corte, me ejército y el campamento. Petición del sultán de la India a su hijo Ahmed realizada a través del hada Pari Banu en un cuento de *Las mil y una noches*" (Guerrero, 2000).

Permanecer un día, un mes, un año o toda una vida en una tienda es para el hombre nómada todo un reto, el cambiar de un lugar a otro implica vivenciar cada espacio, no importa el día en que se tenga que partir; vivir cada instante en una tienda como si fuera el último momento del que se dispone para ser feliz.

El Nido

Según lo cita Gaston Bachelard "El pintor Vlaminck, viviendo en su casa tranquila, escribe: El bienestar que experimento ante el fuego cuando el mal tiempo cunde, es todo animal. La rata en su agujero; el conejo en su madriguera, la vaca en el establo, deben ser felices como yo" (Guerrero, 2000). Físicamente, el ser que recibe la sensación del refugio se estrecha contra sí mismo, se retira, se acurruca se oculta, se esconde.

"El Nido" toma imagen de reposo, de tranquilidad, se asocia inmediatamente a la imagen de la casa sencilla y viceversa, el transito no puede hacerse más que bajo el signo de la simplicidad. Simplicidad que asociada a aspectos de su forma, construcción y utilización nos marca un nuevo partí de diseño.

Frei Otto, nos muestra la siguiente cita que habla de la petición del sultán de la India a su hijo Ahmed realizada a través del hada Pari Banu en un cuento de *Las mil y una noches*. "Quisiera que me trajeras una tienda tan ligera que un solo hombre pudiera transportarla en la palma de la mano y lo suficientemente grande para que cupiera en ella mi corte, me ejército y el campamento" (Guerrero, 2000).

Trae a colación la idea milenaria de casa nómada, donde la ligereza, tamaño adaptable, versatilidad y posibilidad de transporte con los criterios con que hoy describimos las construcciones nómadas.

La movilidad

La movilidad es fundamental en el hombre nómada, ya que rebasa el hecho físico del desplazamiento. No sólo es el hecho en sí del movimiento el que interesa, sino también es importante destacar lo que se genera con esa movilidad, como por ejemplo las enseñanzas que se transmiten, las vivencias que se comparten, entre otras.

En las caravanas árabes por ejemplo, se congregaban grandes cantidades de estudiantes y eruditos a los pies del maestro; en este recorrido se conseguían grandes conocimientos que llevaron a futuros desarrollos de los pueblos. Los israelitas en todo su peregrinar durante 40 años transmitieron de generación a generación todo su conocimiento para aplicarlo en su nueva vida.

Es importante también tener en cuenta la movilidad como elemento de percepción del hombre, ya que: "La percepción del ambiente ayuda al individuo a establecer la comunicación y la interacción social con otras personas, a identificar características importantes del ambiente y a disfrutar de una variedad de experiencias estéticas. Una forma importante en que la percepción ayuda a regular las actividades del individuo en proporcionarle la información necesaria para orientarse en el ambiente" (Guerrero, 2000).

La siguiente teoría citada por Yona Friedman nos ratifica la condición de percepción. Teoría general de la movilidad: el empirismo de los cambios 1961. "El mecanismo cerebral humano no permite la percepción de un fenómeno de un objeto estacionario o uniforme. Toda percepción implica fundamentalmente un cambio de calidad (una diferencia) entre uno o varios componentes del fenómeno o del objeto observado y los de los demás objetos o fenómenos. Todo objeto o fenómeno completamente invariable o uniforme es fatalmente inexistente para nuestros sentidos o para nuestros instrumentos de medición.

Ejemplo: la estructura de todas las lenguas humanas, señalan este hecho, la composición de una frase precisa inevitablemente del empleo del verbo, es decir del empleo de una acción. Ahora bien, una acción es un cambio" (Guerrero, 2000).

En consecuencia, la actitud humana se funda en las percepciones, es evidente que toda actitud es función de los cambios de nuestro ambiente o nuestra conciencia. Toda acción humana consiste en un milenio de influir en los cambios de conciencia o de ambiente. Este hecho implica ocuparse prácticamente tan solo de los cambios que pueden verse influidos.

Hombre e inicio

> *"El mundo es grande, pero en nosotros es profundo como el mar"*
> Rilks

Generalidades

Ver el mundo sin salir de casa es sólo una de las ventajas que la actual arquitectura nos ofrece. El sedentario ignora las viviendas menos convencionales, como casas sobre ruedas o trineos, o flotantes, que añadieron un toque de aventura a la arquitectura doméstica del pasado. Lo más parecido que se conoce es el automóvil, al que la sociedad de las metrópolis ha investido con el prestigio de las funciones de un segundo hogar. Pero hasta ahora carece de hogar y de suelo habitable, rasgos esenciales de cualquier casa que se respete. Rudofsky hace la siguiente descripción referente a las viviendas móviles en donde es importante destacar el sentido que le da a un hecho histórico frente a una realidad construible, quizá esta no sea la descripción más completa sobre el fenómeno, pero creo que es un punto de partida con el cual se puede seguir trabajando.

"Los trailers son lo más parecido a un domicilio móvil, pero, como la mayoría de los vehículos modernos, están limitados a los caminos, que es quizás la razón por la que muchos de ellos nunca se mueven. Aunque a ningún jinete se le ocurriría pasar largo tiempo montando un caballo amarrado al poste, la mayoría de los habitantes de trailers nunca han pensado en viajar en ellos. Amarrados por impuestos y tarjetas de crédito, el trailer les sirve de hogar permanente.

"Las viviendas móviles de generosas proporciones, capaces de viajar por el campo abierto, fueron otrora indispensables para los nómadas. Los escitas orientales, por ejemplo, los jinetes de la estepa, según Esquili -vivían en chozas de ramas en el aire, sobre sus coches de buenas ruedas-, en constante movimiento entre el

Danubio y el Don. Tales chozas eran redondas o rectangulares y divididas en dos o tres habitaciones. Sus muros eran de mimbre o de ramas unidas por correas, y revestidos de barro o fieltro contra la lluvia y la nieve. Las más chicas se movían sobre cuatro ruedas, las mayores sobre seis, y las arrastraban varias yuntas de bueyes.

"Heródoto, que visitó Escitia en su viaje a Persia y es el responsable de nuestra costumbre de llamar escitas a todos los habitantes del sur de Rusia, nuestra casi envidia por su independencia: -No tienen ciudades ni fuertes y llevan consigo sus viviendas a dondequiera que van; habituados además a disparar desde el caballo, ganaderos y no agricultores, con sus carros por única casa ¿cómo no han de ser inconquistables?-. Feroces en la guerra, en la paz se dedicaban a perseguir y domar potros salvajes. Para ellos la vida sin caballos era tan inconcebible como para nosotros sin automóvil. Hasta después de la muerte lo necesitaban, y un escita rico podía llevarse a la tumba cien caballos. Pero la vida de los escitas distaba mucho de ser precaria: como comían carne de caballo, no tenían dificultad para transportar sus provisiones, y ordeñaban a las yeguas, con cuya leche hacían queso y kumis, una bebida alcohólica.

"Puede resultarnos consolador saber que una vida tan intensa, con tal de la abundante en proteínas, no conduce necesariamente a la salud. Nada menos que Hipócrates, señaló serias desventajas del modo de vida de los escitas. Al igual que Heródoto, los conoció directamente. Afirma que los niños pasaban demasiado tiempo en el carro y raramente caminaban, al igual que sus padres. El exceso de transporte, según Hipócrates, minaba sus fuerzas y los hacía rechonchos y fofos; además el constante traqueteo, dice, les dificulta las relaciones sexuales.

"No puede haber sido tan malo, pues durante los siglos de desintegración de la cultura mediterránea los habitantes de carros estuvieron muy en evidencia. Su identidad ética variaba, pero la forma de vida permanecía igual, Hipócrates observaba que en Asia todo es mayor y más hermoso que en otras partes, y las casas rodantes no eran excepción. En mil años alcanzaron los diez metros de diámetro, es decir algo más que la vivienda urbana norteamericana promedio. -Me tomé el trabajo de medirlos-, dice un viajero que visitó a los tártaros, -y tenían veinte pies de una rueda a otra, asomado los lados de la casa al menos cinco pies a cada lado-. El eje era del grosor de un mástil, y las ruedas de madera sólida y de doce pies de alto. Ninguno de los cronistas nos relata, sin embargo, cómo era el viaje por las llanuras sin caminos en una de esas casas rodantes sin ningún tipo de suspensión.

"Pese a su desprecio por la vida sedentaria, los tártaros no carecían de refinamientos. Cada hombre tenía una o dos docenas de esposas, y cada esposa su comitiva. -La corte de un tártaro rico-, escribe nuestro informante, -parece un mercado, en el que hay muy pocos hombres-. Pero la menos importante de las esposas tiene entre veinte y treinta casas rodantes para sus sirvientes. Esa poligamia respondía a razones económicas. Como los hombres estaban ocupados en la caza y la práctica del arco, el trabajo debían hacerlo las mujeres. Ellas estaban encargadas de los animales: uncían el carro bueyes y camellos y los guiaban en el camino. Hacían mantequilla y leche seca. Curtían las pieles y confeccionaban ropa y zapatos (ellas usaban pantalones). Y como entre los pájaros, donde, con frecuencia, la construcción del nido corresponde a la hembra, construían los carros.

"Los ejércitos imitan, en muchos sentidos, a los nómadas de la estepa. El viajero romano Pietro della Valle, que acompañó al persa Shah Abbas en una campaña militar en 1618, fue un gran admirador de los recursos de un grupo en constante movimiento. -Han inventado mil maneras de estar cómodos y de disfrutar de todo lo que hay en las ciudades-, escribe: -Tienen baños portátiles que al acampar instalan bajo sus tiendas. Y muchas veces he visto camellos cargando grandes instalaciones de madera para sus baños que, según creo, sirven de piso que deja correr el agua de modo que no estorbe, o algo por el estilo. Del mismo modo, tienen cocinas portátiles, y no me refiero a las ollas y sartenes que cualquiera llevaría consigo, sino de una cocina completa montada sobre un camello, en la que se puede cocinar sobre la marcha-.

"Este distante prototipo de vagón restaurante tiene una contrapartida espartana en el sur de México. Nadie sabe cuándo se originó la costumbre de cocinar en el camino, pero parece haber sido siempre privilegio de la mujer. Para aprovechar el tiempo que emplean en caminar hasta sus casas, llevan en la cabeza un brasero encendido con su olla encima. Al llegar, la comida está lista para servirse, en un notable ejemplo de refinamiento técnico popular. El hombre urbano moderno utiliza sólo los recursos internos del cráneo; pese a la presencia de nobles cariátides y atlantes arquitectónicos con enteros edificios sobre la cabeza.

"Tan sólo cuatro personas pueden sostener y transportar sobre sus cabezas un techo de modestas proporciones, Livingstone, viajando por Balonda, aprendió a apreciar tal movilidad. -Cuando resolvíamos pasar la noche en alguna aldea-, escribe: -Los habitantes nos prestaban los techos de sus chozas, semejantes a los de Makoholo, o a un sombrero Chino, y que pueden separarse de las paredes sin dificultad. Alzándolo, lo transportaban al lugar escogido para nuestro alojamiento. Y una vez apoyado en estacas, ya teníamos vivienda segura para la noche-. No es raro que a los nativos la casa tipo occidental les pareciera sumamente tosca. Después de visitar a Livingstone en Kolobeng, varios de ellos, describiéndola a sus compañeros, dieron con una metáfora que vale su peso en oro: para ellos no era una casa, sino -una montaña con varias cuevas-" (Guerrero, 2000).

Origen

Según Rudofsky, el refugio móvil por excelencia es la tienda. Deriva directamente del árbol, sin desviaciones simbólicas. Aunque parezca extraño, entre algunos pueblos, la misma palabra significa tanto árbol como casa, y en cierta medida también el referente es el mismo. Para plantar sus tiendas para el invierno, por ejemplo, los antiguos argipeos despojaban de sus hojas a un árbol vivo y cubrían con fieltro las ramas peladas. Probablemente tomaron la idea de los escitas sedentarios, que vivían, según Heródoto, -cada hombre bajo un árbol cubierto en invierno por una tela de fieltro blanca-. Una contrapartida contemporánea de esto según cita el autor antes mencionado, podría ser la ceremonia anual de los turcos de Altai, que evocan ese poético origen de la tienda erigiendo en un claro de bosque una tienda cuya chimenea asoma la punta al natural de un roble joven. De ese modesto principio la tienda evolucionó hacia palacios inconcebibles para el hombre moderno.

Clasificación

La siguiente descripción de Rudofsky nos muestra criterios de clasificación que podemos tener en cuenta: "Los nómadas distinguen las tiendas según su tamaño, forma, material y uso. Nombran de distinto modo a las de techo plano, acanalado o en pico, como el teepee de los indios norteamericanos; a las de ocho o diez lados; a las que tienen alrededor uno o más palios formando porches, con puertas y ventanas; a las sostenidas por un único poste central o a las armadas sobre tres docenas de mástiles y quinientas sogas. -Por su plano y estructura-, escribe A. U. Pope, eminente estudioso del arte persa, -una tienda grande puede llegar a ser tan arquitectónica como un castillo-. Lamenta con razón que -ningún europeo historiador del arte ha tomado nunca en serio a las tiendas y pabellones como arquitectura-" (Guerrero, 2000).

Hombre e Historia

Imaginar será siempre más grande que vivir.
Gaston Bachelard

Generalidades

Disponemos de pocas fuentes para investigar las primeras tiendas utilizadas por el hombre en los principios de la historia. Las primeras conclusiones y pruebas convincentes nos las aportan de 30,000 años. En las culturas primitivas más elevadas encontramos descripciones y, sobre todo, muchas representaciones precisas. Según no lo plantea Frei Otto, se poseen algunas tiendas originales como las tiendas turcas en el castillo de Wawel en Cracovia y cuando no las tienen recurre a representaciones y descripciones literarias.

Inicios

Las descripciones que se presentan a continuación son realizadas por el arquitecto Berthold Bukhardt en el libro *Arquitectura adaptable* nos marcan una secuencia temporal de algunas tiendas que se han investigado.

Reconstrucción de una tienda en los hallazgos de Malta, en Siberia junto a Irkutsk, y una fotografía de los trabajos de excavación con hallazgos, que presumiblemente sirvieron de refuerzo a una tienda cónica. Estas tiendas, que utilizaron cazadores del Paleolítico en las tundras durante la época glacial hace unos 20,000 años, son parecidas a las del tipo indio de Norteamérica. Representación de una corrida de toros con la imagen esquematizada de una tienda en un jarrón íbero, siglos IV-III a. C. Museo de Prehistoria, Valencia.

En relieves vemos las campañas guerreras de Senaquerib (705-681 a. C.). La representación de la tienda del rey asirio aparece en un campamento y guarda analogías con los tabernáculos judíos. Se reconoce claramente los apoyos y la piel tensada sobre ellos. Representación egipcia de una tienda real. Los mástiles de las tiendas representadas recuerdan los descritos por Ptolomeo (275 a.C.) por la misma época de las tiendas para festejos. Poseían mástiles de cedro y capiteles de palmeta. Estas tiendas para fiestas tenían cerca de 8200 m2.

Tiendas militares romanas representadas en un relieve de la columna de Marco (siglo II), de Roma, y campamentos de tiendas de legionarios romanos en la columna Trajano (siglo I), de Roma. Las tiendas son de barras con lonas tensadas. Las más pequeñas para la tropa eran de piel, y se conservan aún algunas partes de ellas" (Guerrero, 2000).

Caso particular "Arquitectura Árabe"

La civilización musulmana siempre ha sido móvil. Tanto los árabes como los distintos conquistadores no árabes procedentes de Asia central eran originariamente nómadas y heredaron una tradición de desplazamientos. Grandes ejércitos estaban en constante movimiento. "Estudiantes y eruditos emprendían largos viajes para sentarse a los pies de maestros famosos. Las riquezas de las ciudades dependían del transporte de artículos a grandes distancias. Y la fe islámica imponía al creyente la más poderosa de todas las razones para viajar, la realización del hay o peregrinación.

Debido a las duras condiciones y a la inhospitalidad de la tierra en la mayoría de los países islámicos, éstas dos últimas clases de viajeros -mercaderes y peregrinos- necesitaban una mayor abundancia de lugares en los que poder cobijarse y descansar de los que podían proporcionar los pueblos y las ciudades muy diseminadas. Esta llevó a la construcción de caravansares a lo largo de todas las rutas principales -lugares en los que las personas y sus animales estuvieran a salvo durante la noche y donde podían estar seguras de encontrar provisiones y aguas-. Este tipo de arquitectura era el cobijo donde ellos de alguna manera recreaban su cobijo en la ciudad, inclusive las tiendas de los sultanes son comparables a sus palacios, el Topkapi es, en cierto sentido, un campamento de tiendas de lujo. De esta forma podemos concluir que esta cultura genera su tipo arquitectónico nómada que le servían de elementos para poder dar respuesta a su necesidad religiosa y económica" (Guerrero, 2000).

Con el anterior ejemplo queda manifiesto que una cultura de tipo nómada genera su propia arquitectura, y esta respuesta rebasa la sola necesidad física del hombre frente a un espacio.

Ciudades de tiendas y campamentos

Al igual que una tienda, se montan y desmontan verdaderas ciudades y campamentos en un tiempo muy corto. Las ciudades de tiendas de nuestro tiempo son las de fiestas populares, ferias, tianguis, exposiciones, campings, sin olvidar al circo. En reuniones de masas de varios días, las ciudades de tiendas representan una solución lógica y económica. Así, por ejemplo, se ha montado en Suecia un campamento para 20,000 boy-scouts y en la Meca, las tiendas proporcionan alojamiento durante tres días a más de dos millones de peregrinos que asisten a la fiesta anual de Hadj.

Se forman también ciudades de tiendas como campamentos para refugiados de catástrofes políticas y naturales, como terremotos o guerras. En este trabajo no está contemplado este desarrollo y espero que este contenido haga parte de este documento en otro momento. En estos campamentos de emergencia, la tienda a menudo no solo es un hogar transitorio, representa ante todo una opción para la seguridad de las personas que la habitan.

Burkhardt anota que: Conocemos numerosas descripciones históricas de ciudades de tiendas y campamentos. La representación adjunta muestra el campamento de un ejército alrededor de 1570, que se organiza dentro de los muros como una pequeña ciudad. Los escuadrones se agrupan en barrios, la tienda del general imita un castillo, los mercaderes acompañantes tienen sus zonas de comercio y viviendas separadas, mientras que la vida pública tiene lugar en una especie de plazas central del mercado.

Un ejemplo histórico de la vida cortesana del renacimiento nos lo proporciona el famoso Camp des draps d`or de Calais, en 1520. Enrique VIII llegó con cinco mil personas, trescientos caballos y cerca de cuatrocientas tiendas para sus acompañantes. Las tiendas mayores, con aspecto de castillo, contenían lujosas salas para banquetes, habitaciones y una capilla. Este campamento, que representa uno de los mayores derroches de la época, se mantuvo durante tres semanas.

Representación del campamento de un ejército de Jost Ammann (1539-1591). Tras un montículo de tierra y una barrera de carros cargados y tiendas, encontramos un campamento organizado como una pequeña ciudad. Distintos barrios, zona para mercaderes y el complejo de tiendas para el general. Talla en madera, de Hana Burgkmair (1473-1531): Judith en el campamento de Holofernes. Vemos aquí representadas las formas principales de tiendas. Planta rectangular con techo de dos vertientes y planta circular con techo puntiagudo en forma de cono. Ambos tipos tienen apoyos interiores y vientos exteriores.

Tiendas de tribus
Las más variadas tribus de todo el mundo han vivido y viven en tiendas.

Casos generales en el mundo
Tiendas de beduinos, insuperables en su claridad y armonía entre función, forma y construcción.

Las tiendas negras, en parte de pelo de cabra teñido, son tejidas por las mujeres en telares en tira de un metro.

Las tiendas tensadas, con paredes laterales desplazables, tienen una clara división del espacio interior por medio de paredes intermedias suspendidas.

Pueblo esquimal, (S XVIII) las tiendas puntiagudas utilizadas por los esquimales durante el verano son de piel de foca y poseen un armazón de barras que las sostienen. El borde esta sujeto por piedras.

Los tipis, tiendas de los indios norteamericanos, tienen en principio la misma construcción y se distinguen en un detalle. Los mástiles de las tiendas están dispuestas circularmente enterradas en el suelo y unidos por la punta con una cuerda, con nudos especiales.

En invierno, los japoneses construyen sus tiendas con mantas de lona de colores y en verano de lona fuerte. La construcción de la tienda se basa en un esqueleto de barras dispuestas radialmente y enterradas en el suelo, que a su vez es sujetado por barras curvadas. Las tiendas de los nómadas de Mongolia, estepas y desiertos colindantes, en la yurte. En la pared lateral hay un enrejado de tijera y barras en disposición radial que forman una cúpula. La cubierta de la tienda está formada de varias capas de fieltro y tela según el clima.

Hombre y realidad actual
Los nuevos nómadas

"Cuando las cimas de nuestro cielo se reúnan Mi casa tendrá un techo"
Paul Eluard. *Dignos de vivir.*

"En nuestra sociedad, el mantenimiento de la vida familiar, el cuidado y la educación de los hijos depende de la posesión de un hogar adecuado. La familia y la vivienda están íntimamente relacionadas. La pérdida y la imposibilidad de adquirir un hogar seguro y decente ponen en peligro a una familia. Gobierno Británico. Informe del comité Deebohm en Inglaterra y Gales, Londres 1968"
Guerrero, **2000**

La familia es la base de una sociedad. Venimos de una familia y vamos encontrando en ella a través del tiempo su esencia particular. El asentamiento en un lugar bajo las bondades de un techo con el fin de emprender nuevas metas, es el reto que sostenemos a diario. Bajo esta óptica se concibe la vida no sólo como la solución de una necesidad vital sino también como la materialización física de lo que implica un hogar.

La realidad actual nos muestra que hay cientos de personas que hoy viven como nómadas ya sea por decisión propia o impuesta y han aprendido a convivir ante tal situación, me atrevo a decir que su actitud ante la vida es nómada, situación que no puede ser calificada como mejor o peor sino simplemente diferente. Sólo por mencionar algunos casos, recordemos que las tiendas sirven para albergar a personas provenientes de migraciones forzosas, desplazados por violencia, jornaleros agrícolas, mercaderes, comerciantes, peregrinos, entre muchos otros.

Desplazados por violencia en Colombia

El caso colombiano nos muestra que ante una nueva situación no siempre lo obvio es lo que realmente se necesita. Ante tres fuegos cruzados -guerrilla, paramilitares y ejército nacional- se encuentran comunidades de colombianos que deben salir de su región por temor a la muerte. Este ante todo es un problema social y ante tal panorama son dos las posturas que las personas toman, una es salir de su región colectivamente para que de una u otra forma se ejerza presión al gobierno, quien recurre a ellos brindándoles unos albergues improvisados, de tipo militar, y la segunda posición es la de huir individualmente de su región y llegar a una ciudad próxima asentándose donde y como puedan. Quizá el temor ante el ser identificado como desplazados por violencia ha hecho que ellos opten esta posición, situación que trae muchos más problemas aún, ya que al no ser identificados como tal el gobierno no se les puede brindar la ayuda que ellos requieren.

Al igual que los israelitas en el desierto, estas comunidades esperan que el salir sea el paso a la libertad y esperan que su tienda manifieste este pedir, sin embargo, la realidad actual nos muestra totalmente lo contrario.

Trabajadores migrantes en México

Una población que vive en condición de nómada por su trabajo son los jornaleros agrícolas. Debido a que en su lugar de hábitat no encuentra condiciones propicias de trabajo, debe salir junto con su familia en busca de sustento en un lugar y otro, situación que lo cataloga como nómada.

Hernán Guerrero Figueroa

Conclusiones

No todas las culturas se asientan en un solo lugar, existen personas que en forma individual o colectiva desde la antigüedad hasta hoy viven cada día desplazándose con cierta regularidad en busca de mejores condiciones. La realidad contemporánea latinoamericana nos muestra diversidad de culturas nómadas en busca de un techo que les permita albergarse por un tiempo indefinido en condiciones benéficas acordes al desarrollo humano. Los centros urbanos según sea su naturaleza les ofrece alternativas que hoy se alejan de su realidad social y económica.

Las tiendas sirven para albergar a muchas personas ya sean provenientes de migraciones forzosas, jornaleros agrícolas, mercaderes, comerciantes, peregrinos entre muchos otros más. Por lo tanto es un tema que necesita mayor investigación que rebase la sola solución militar.

La tienda adquiere especial importancia en situaciones catastróficas. La tienda que puede proporcionar una protección espontanea tras una catástrofe puede representar la primera célula de la reconstrucción, que es poco a poco ampliada, transformada o incluso sustituida.

La arquitectura hace parte de la vida del hombre, al fin y al cabo es este último quien la hace, la vive o la padece. El arquitecto ante este panorama tiene mucho que aportar, estudiar, evaluar, proponer y solucionar, su condición de profesional ante un nuevo siglo lo compromete a trabajar por el mejor bienestar de su comunidad.

El diseño arquitectónico puede generar un tipo de arquitectura que sirva al hombre, para esto es necesario que el profesional se involucre con su cliente de tal forma que su diseño surja de la gente y para la gente y no resulta de un solo hecho geométrico.

Bibliografía

Bachelard Gastón, "La Poética del Espacio", México: FCE, 2005.

Guerrero Figueroa Hernán, "Arquitectura Plurifamiliar Nómada. Lugar de llegada, lugar de partida", Propuesta académica del Taller de Investigación "Arquitectura y Humanidades", Programa de Maestría y Doctorado en Arquitectura, Campo de Conocimiento en Diseño Arquitectónico, Universidad Nacional Autónoma de México: UNAM, 2000.

Hernán Guerrero Figueroa

La ciudad de las calles sin nombre
Una crítica a la construcción del espacio contemporáneo

ALEJANDRO GUZMÁN RAMÍREZ

Introducción

La lectura de la ciudad y su arquitectura, al igual que la de algunos textos nos permite un acercamiento a nuestra condición cultural contemporánea, el papel que desempeñamos como habitantes y constructores del espacio; al mismo tiempo que permite distinguir entre los distintos episodios de nuestra realidad cotidiana, aquellos que son los más significativos, menos arbitrarios y más decisivos para edificar un verdadero lugar.

Estamos en un punto en que pareciera que la ciudad quiere cuanto antes deshacerse de nosotros y encontrar otro rumbo, pareciera que los discursos teóricos vertidos en su construcción nos empujan más hacia un anonimato de consumo y nos obligan a aislarnos y crear nuestro propio microcosmos. De tal suerte, desde el punto de vista más del arquitecto que pretendo ser, y no como un aficionado más en el espectáculo de la ciudad; la intención de este trabajo se encamina a analizar las condiciones de la arquitectura contemporánea y su repercusión en la ciudad, en nuestra vida cotidiana como un agente productor de realidad.

Una realidad que vaya más allá de la manipulación comercial y de los experimentos más radicales de los distintos actores sociales, económicos y políticos. Una realidad que involucre al conjunto de formas de existencia, que enriquezca la experiencia individual y colectiva, orgullosos de quienes somos y del lugar que habitamos. Para lograr este acercamiento, a los distintos elementos (negativos y positivos) de la arquitectura contemporánea; el presente trabajo parte de dos tópicos principales:

1. La ciudad como espectáculo de lo cotidiano: del Mito de la caverna a la arquitectura de los no-lugares.

2. De la ciudad como laberinto a la ciudad como jaula urbana: de los distintos laberintos a nuestras ciudades reales.

En los cuales, mediante la exposición de una serie de pasajes literarios, busco establecer un puente que nos sirva para analizar, explorar y reflexionar sobre nuestro papel como espectadores y constructores de la ciudad. Que nos lleve finalmente hacia la idea de *la ciudad de las calles sin nombre*, que aparece como la conclusión de este ensayo; como una invitación a detenernos y revalorar nuestra condición como hacedores de la ciudad.

La ciudad como espectáculo de lo cotidiano, del mito de la caverna a la arquitectura de los no lugares

El mito de la caverna, donde hombres prisioneros están condenados sólo a ver el espectáculo de las sombras que se producen frente a ellos, creyendo que no existe nada más claro y real que lo que se les presenta. Nos ayuda a comprender que en la actualidad, quizás, ahí nos encontramos, en una caverna; donde la arquitectura ha sido relegada a ser sólo un contenedor, en el cual estamos condenados a observar el espectáculo que se nos ofrece, sin formar parte de él: un momento en el que la arquitectura pierde valor como escenario y se convierte en mera escenografía.

La condición de la caverna: Nuestro momento actual

Platón al comienzo del libro séptimo de la *República* nos habla de una caverna [1]. Un antro subterráneo que tiene a lo largo una abertura que deja libre el paso de la luz, y en ese antro, se encuentran unos hombres encadenados desde su infancia (sujetos de las piernas y el cuello), de suerte que no pueden cambiar de lugar ni volver la cabeza, pudiendo solamente ver los objetos que tengan delante.

A su espalda, a cierta distancia y a cierta altura, hay un fuego cuyo fulgor les alumbra, y entre ese fuego y los cautivos se halla un camino escarpado. A lo largo de ese camino se encuentra un muro, un muro tras el cual pasan una serie de hombres portando objetos de varias clases, figuras de hombres y de animales de madera o de piedra, de suerte que todo ello apenas se aparezca por encima del muro.

De manera que los condenados sólo pueden ver las sombras que van a producirse frente a ellos. Ante este extraño cuadro de espectáculo e incertidumbre; sin duda los prisioneros no creerían que existiese nada real fuera de las sombras y de los ecos que escuchan al fondo de la caverna.

Tal vez nos encontramos en una época en la que sin notarlo hemos entrado a esa caverna, donde la arquitectura ha sido relegada a una prisión de la cual estamos condenados a observar el espectáculo que se nos ofrece, hasta un punto que pareciera que no existe nada más allá.

Sin duda, la identidad del espacio y del lugar están sufriendo cambios radicales, a raíz de las presiones de una nueva clase de modernidad donde las estructuras sociales están en decadencia y están siendo sustituidas por una estructura de flujos, la cual se apoya principalmente en el crecimiento urbano y en la invasión de la ciudad por los diversos medios masivos de comunicación y consumo [2].

De tal suerte, en la ciudad nos encontramos absorbidos por cantidades inauditas de objetos de consumo, de productos, de información y espectáculo; en consecuencia, el hombre es invadido y devorado por una cantidad innumerable de cosas superficiales y triviales. En un laborioso mecanismo sistematizado, las cosas no pueden ser contempladas en su esencia, ya que éstas no rodean al hombre, sino que fluyen a su alrededor como una corriente continua que desaparece rápidamente; las cosas se presentan con tal rapidez que son igualmente usadas y apreciadas con la misma prisa y celeridad.

Así, la arquitectura aparece como un objeto más, donde el espacio arquitectónico se transforma en un gran contenedor, una gran "caja", ¿una caverna?; tales "cajas" asumen funciones diferentes, pero en todas ellas se condena al individuo a ser un prisionero anónimo e indolente; de su propia condición y de la vida cotidiana.

Es aquí cuando el escenario pierde valor y se convierte en mera escenografía, donde la serie de ambientes que nos brinda la arquitectura van más hacia un engaño, un discurso que tiende a presentar a la arquitectura cómo monumento del poder económico, político e ideológico; lo que ha provocado, en nuestra actividad como arquitectos, que antepongamos valores de "imagen" por encima de valores espaciales.

Esta arquitectura nos lleva al concepto de los "no-lugares", definidos por Marc Augé [3] como los recintos donde el valor espacial se reduce a la circulación de personas y bienes, y la noción de vida urbana se reduce al tiempo de posesión y consumo.

Esta creación constante de "no lugares", es el reflejo indiscutible de nuestra era cultural, donde los cambios se han producido entremezclados en una normalidad construida sobre la pérdida de asombro y el espectáculo comercial.

En el discurso de Nietzsche del *eterno retorno* [4] encontramos sin duda la caracterización de nuestra actitud, ya que los medios de información y consumo nos presentan las cosas como un acto fugaz, (la violencia, la destrucción, la desgracia –incluso- el placer). Hemos perdido esa dimensión de impacto de las cosas, donde en el mundo que nos rodea todo está cínicamente permitido (no se diga en la arquitectura) y lamentable nos hemos resignado a aceptarlo, sin oponer resistencia alguna.

Así pues, en la caverna donde estamos atrapados; el hombre pierde toda relación íntima con las cosas, su capacidad de contemplación; esa capacidad de desocultación (Heidegger) [5]; ya sea por la presión del ritmo de vida acelerado que no le permite ni detenerse ni demorarse; o porque simple y sencillamente hemos fallado como arquitectos, ya que en los espacios donde se mueve y habita la gente no hemos podido transmitir una relación de proximidad, de fascinación, de encanto y misterio; ya que en lugar de lo íntimo aparecen la distancia y la extrañeza, representados tanto por el cálculo frío y el razonamiento utilitario, como por el espectáculo formal y la simulación..

Por tanto, se hace necesario establecer un verdadero trasfondo en la obra arquitectónica, que le permita al habitante urbano guardar un estado de admiración continua por las cosas que lo rodean.

El retorno al mundo real: Búsqueda de una salida

Retomando a Platón en el mito de la caverna, nos preguntamos ¿qué pasaría? Si fueran liberados de sus hierros. *"Desátese a uno de esos cautivos y oblíguesele inmediatamente a levantarse, a volver la cabeza, a caminar y a mirar hacia la luz"* [6] (...) "Si se le muestran luego las cosas a medida que vayan presentándose y se le dijera que ahora tiene ante los ojos objetos más reales, ¿no se le sumirá en perplejidad, y no se persuadirá a que lo que antes veía era más real que lo que ahora se le muestra?" [7]. El deslumbramiento en un principio le impedirá distinguir las cosas; sin duda desviaría sus miradas para dirigirlas a la sombra que afronta sin esfuerzo, ya que estimaría que esa sombra posee algo más claro y distinto que todo lo que se le hace ver.

Necesitaría tiempo para acostumbrarse a ello (poder ver), pero sobre todo sentir la multitud de objetos que llamamos seres reales; lo que mejor distinguiría sería primero, las sombras; luego las imágenes de los hombres y de los demás objetos; finalmente, los objetos mismos.

De los cuales no sólo se conformaría con ver sus imágenes, ya que se hallaría en condiciones de contemplar un verdadero lugar. Como liberarnos de ese conformismo por la mera representación tal como es generada y mantenida; [8] indudablemente, no tenemos que enfocarnos en los objetos arquitectónicos como tales, sino en la serie de emociones que ésta puede transmitir. De tal suerte, que la decisión de salir de la caverna y de sus engaños subterráneos parta de la voluntad de sustraernos a la apariencia de un mundo que se nos ofrece; así tengamos que cruzar un camino inseguro y tortuoso. Solo así, podremos edificar nuestra propia realidad construida de las distintas experiencias sensibles no importando que tenues o efímeras (aparentemente) se presenten. El regreso al mundo real, como arquitectos no se basa en ninguna experiencia pasiva del usuario como espectador; el factor clave es su participación.

Así, el efecto de la escena arquitectónica será el de exhibir las representaciones de distintos grupos, sus inquietudes, sus deseos y temores, que contribuyan a enriquecer la vida cotidiana, una realidad común que pase de lo ordinario a lo sublime, un punto de encuentro que nos permita explorar nuestras distintas realidades [9].

La autenticidad y lo poético
Nos encontramos en una tensión sin aparente remedio entre los

continuos intentos para conseguir la diferenciación individual en la metrópoli y la tendencia creciente por parte de la modernización de hacer de la diferencia una cosa homogénea y uniforme, (incluyendo la diferencia humana). Esto nos lleva a un estado donde el individuo dentro de la sociedad, se ve envuelto entre un mundo de ser auténtico y un mundo de la apariencia, del desorden, de la inautenticidad, la cual parece ahogarnos y no dejarnos salir [10].

La autenticidad dentro de nuestro ámbito, no debe buscarse en el espectáculo de la forma; su permanencia es de otra clase. La autenticidad va más allá de la simple representación. La autenticidad es un proceso de devenir constante fundamentado en el habitar. En el habitar poéticamente el espacio y hacerlo nuestro, entendiendo lo poético como ese movimiento que nos arranca de lo cotidiano y de lo banal, transforma nuestra dependencia de necesidades materiales en deseo metafísico de verdad, belleza y bondad [11].

El poder de lo poético no consiste en arrastrar al hombre al mundo de lo irreal, hacia el ámbito de una fantasía estéril, sino que reside en un respeto fecundo y frontal que hace al mundo habitable y lo protege contra la caída en lo prosaico, lo poético "es un poder que libera a los seres del yugo de los estereotipos, de la esterilidad y de la imitación" [12]. El encuentro con lo poético arranca al hombre de las relaciones cotidianas y ordinarias para transportarlo a un mundo radicalmente distinto, desconocido y misterioso: al mundo real.

De la ciudad como laberinto, a la ciudad como "jaula" urbana; de los distintos laberintos, a nuestras ciudades reales

Existen diferentes laberintos descritos en los relatos de Borges, que nos permiten ligar las contradicciones entre la ciudad en que estamos y la ciudad en que quisiéramos estar: ciudades construidas de fragmentos, de adiciones sucesivas a una escala humanamente sensible o la ciudad majestuosa (en apariencia) construida para impresionar y subyugar al hombre. Asimismo, existen ciudades que no son laberintos, pero tienden a aprisionar a los individuos que en ellas se mueven, espacios que se convierten en verdaderas cárceles sin salida; producto de la homogeneización y la monotonía.

Sobre la idea del laberinto

La idea de laberinto como lugar en el que es fácil entrar pero difícil salir, en cuyo interior quedamos sometidos a una serie de opciones de resultado imprevisible; proviene no de aquella etimología que deriva "laberinto" de lábrys (hacha de dos filos), sino más bien de labra (caverna con abundantes galerías y pasadizos). La historia milenaria de la imagen del laberinto revela que a lo largo de su vida el hombre se ha sentido fascinado por algo que de algún modo le habla de la condición humana o cósmica. Existen infinitas situaciones en las que es fácil entrar pero difícil salir, mientras que resulta complicado pensar en situaciones en las que sea difícil entrar pero sencillo salir.

Podríamos decir que existen distintos tipos de laberintos, los cuales se reducen a tres modelos fundamentales: el clásico univiario (donde se entra por un lado y se sale por el opuesto); el manierista (de estructura arbórea) y el rizoma (de ramificaciones infinitas). Pero será el análisis de su concepción como un esquema de situaciones, la que nos aproximará más a su esencia [13]. Sin duda, su origen lo encontraremos en el mito; lo que nos lleva a uno de los relatos más populares de la antigüedad el de la historia de Minos y el Minotauro encerrado en el laberinto donde, con la ayuda del amor y del engaño, Teseo, el héroe solar bajará a buscarlo y a matarlo.

El Minotauro condenado por los dioses a ser cruel, morador de las tinieblas inextricables, encerrado en el fondo de un laberinto, mientras que Teseo será guiado por un largo hilo que lo llevará hasta el monstruo, y cuando lo haya derrotado con su espada reluciente (de dos filos) ese hilo lo devolverá a la luz y dejará atrás en la oscuridad eterna el cuerpo ya inerme de la bestialidad vencida; muerta la animalidad, se volverá al cielo resplandeciente. Se considera así el viaje en el laberinto como el proceso insoslayable de las metamórfosis de las que surge el hombre nuevo.

En muchas culturas, el laberinto equivale a trazar un acto mágico o sagrado; donde la situación primordial es la vida individual (en su trayecto ante la certeza de la muerte) [14]. Mientras que en las épocas señaladas por un vivo sentimiento místico religioso (como la civilización minoica del medioevo cristiano) se refuerza la idea del laberinto como representación del mundo, de la fe; en el que el paso por un laberinto equivale a expresar una elevadísima cantidad de experiencias misteriosas y retos, con el objeto de llegar al santuario (la salvación) a través de sucesivas pruebas.

En el siglo XVI, con el Barroco, el laberinto expresará "la trágica incertidumbre del mundo y del hombre que en él habita"; [15] en el cual al peregrino se le presentan dos caminos, uno correcto y otro equivocado. A diferencia del medioevo cuyo fin era guiar al alma creyente hacia el centro (Dios) ahora se agrega la incertidumbre del destino que sugiere al transeúnte la opción correcta. Así nos hallamos ante la imagen del laberinto como un secreto y un misterio, camino de la purificación. Finalmente, a partir del siglo XVIII, el signo laberíntico se verá "desacrilizado" y adquirirá la forma de un juego, perderá la conjunción de sus motivos como algo cerrado y maléfico, por el de lo abierto, lo optimista y generoso: el de los encuentros y reencuentros.

El laberinto sin duda nos devuelve a las profundidades históricas y míticas, de esa idea primordial patente en las pinturas rupestres y pavimentos de catedrales, en los emblemas químicos y fantasías silográficas; el de la iniciación moral como la conquista de un centro oculto o como una salida hacia nuevos horizontes. Podemos descubrir así el modelo, siempre igual y siempre distinto, de algo que habitamos desde siempre: el signo del laberinto como mundus. Nuestros laberintos, quizás los encontremos de manera distinta, de manera fragmentaria, libre, caótica, asimétrica o asistemática lo que representa hasta cierto punto "el fin de los modelos", pero no el de la sospecha que existe algo más profundo e irresuelto.

La condición laberíntica de la ciudad

En la contemplación de nuestros laberintos se confirma la intacta potencia generatriz de los antiguos mitos, de las primeras meditaciones del hombre sobre su propio destino, aun cuando cada época le proporcione una expresión distinta, sin duda permanece la idea de un camino de salida de las marañas aparentemente inextricables, para conducir al hombre, a través de rodeos complicados, a través de tinieblas y profundidades cósmicas, por fin al centro, o a una salida. Así, hay ciudades que sin haber sido diseñadas para tal fin, se convierten en el mejor laberinto construido por el hombre "el que más se asemeja en su complejidad al laberinto por excelencia: el universo" [16].

Sin embargo, no es a muchas de las ciudades contemporáneas de trama en cuadrícula, a las que se les podría aplicar esta denominación, tampoco a las ciudades producto de una planificación extremadamente racional; sino la ciudad generada por la yuxtaposición de distintos fragmentos, de adiciones sucesivas, de repeticiones equívocas. Muchas de las ciudades consideradas como "tradicionales" tienen los elementos que caracterizan un laberinto: calles curvadas, callejones sin salida, perspectivas truncadas; en donde la arquitectura en su conjunto se constituye a la vez en un verdadero contenedor y contenido. Si la característica fundamental que define una construcción laberíntica es su capacidad para crear la desorientación, para construirse en una aparente cárcel de imposible salida, habremos de aceptar que al final, por muy compleja que sea su estructura, ésta siempre podrá llegar a descubrirse. En contrapeso, se encuentran ciudades que no son laberintos, pero tienden a aprisionar a los individuos que en ellas se mueven. Ciudades que se convierten en verdaderas "jaulas" cárceles sin salida; donde la arquitectura parece preparar una serie de mecanismos (de homogeneización, monotonía y espectáculo) para sojuzgar, utilizar y encauzar a los habitantes urbanos.

Así en la desenfrenada búsqueda del orden, de la optimización de recursos (económicos y humanos) de un mejor "funcionamiento" de la arquitectura, se ha secretado una maquinaria de control que ha ocasionado que todos seamos prisioneros de modelos espaciales establecidos sin un verdadero trasfondo [17]. Esta "jaula" urbana, tiene un modelo casi ideal: una ciudad apresurada y artificial donde se define exactamente la geometría de las avenidas, el número y distribución de los espacios, la orientación de sus entradas, la disposición de los usos y la separación de actividades.

Éste es el paisaje que se presenta en la mayoría de los entornos urbanos de las ciudades donde se exhibe el lado incontrolado de la arquitectura moderna, que en su idea de crear polos de poder económico, industrial y comercial, ha generado en la arquitectura una expresión de monotonía fundamentalmente utilitarista, y de una apariencia arquitectónica indiferente [18].

De los laberintos de Borges a nuestras ciudades reales

Existen, sin embargo, diferentes tipos de laberintos, algunos más próximos a "jaulas", otros más cercanos al caos ("el cosmos"). Borges en el "Aleph" nos muestra distintos laberintos que, sin duda, hacen referencia a nuestras ciudades [19].

La atracción laberíntica

En "el inmortal", se describe el viaje que realiza un tribuno romano a la ciudad de los inmortales, una ciudad asentada sobre una meseta de piedra, una ciudad rica en baluartes, anfiteatros y templos. Al internarse en ella a través de una caótica serie de pasajes, galerías y cámaras; la desventura y la ansiedad hacían presa de él; hasta que en el fondo de un corredor se topó con un muro y en lo alto, una entrada de luz, desde la cual, pudo divisar partes de ciudad.

"Capiteles y astrágalos, frontones triangulares y bóvedas, confusas pompas del granito y del mármol. Así me fue deparado ascender la ciega región de negros entretejidos a la resplandeciente ciudad" [20]. El laberinto, aquí descrito se constituye como una verdadera ciudad que está debajo de otra, quizás sea la ciudad que sirvió de base, en la cual se apoyó y surgió la ciudad majestuosa, o quizás son las ruinas que han quedado ante el paso arrollador de una nueva arquitectura.

Este relato, nos muestra dos tipos de laberintos; por un lado, el basamento de la ciudad construido para confundir a los hombres donde su arquitectura está subordinada a ese fin (a una escala humanamente sensible, donde el temor y la esperanza entran en juego) por otro lado, el laberinto representado por la ciudad majestuosa.

Continuando con la historia, el personaje, por fin pudo acceder del basamento a un patio, "Lo rodeaba un solo edificio de forma irregular y altura variable; a ese edificio heterogéneo pertenecían las diversas cúpulas y columnas" [21].Tras explorar los distintos recintos inhabitados y superar la sorpresa inicial; a la impresión de enorme antigüedad del monumento se agregaron otras: "la de lo interminable, la de lo atroz, la de lo complejamente insensato. Yo había cruzado un laberinto, pero la nítida ciudad de los inmortales me atemorizó y repugnó", el palacio era imperfecto y "la arquitectura carecía de fin (...)

"Abundaban el corredor sin salida, la alta ventana inalcanzable, la aparatosa puerta que daba a una celda o a un pozo..." [22]. "No recuerdo las etapas de mi regreso, entre los polvorientos y húmedos hipogeos. Únicamente sé que no me abandonaba el temor de que, al salir del último laberinto, me rodeara otra vez la nefanda ciudad de los inmortales" [23]. Nos encontramos, ante la elección de una ciudad (aparentemente) atractiva por la magnificencia de su arquitectura, y terrorífica por lo complejo de su estructura laberíntica, estructura a la que, en ciertos momentos, terminamos por aceptar y acostumbrarnos.

La ciudad aparentemente majestuosa, está construida para impresionar a costa de subyugar e intimidar al hombre, cuyo atractivo es la mera apariencia, carente de valores espaciales; una arquitectura que se entrega a la fachada, a su mero atractivo formal. La ciudad entonces, aparece dominada por lo imponente y por lo colosal, donde lo sublime es erradicado y desplazado por lo grandioso que maniata y engaña. Así cuando la banalidad, no sólo proporciona a la gente todo lo que es útil, sino también lo abundante y lo inútil, encontramos que lo superficial se alza y se materializa en imponentes construcciones, pretendiendo que esta "grandiosidad" ofrezca la ilusión de lo sublime. Cuando la ciudad es invadida por formas altaneras, masivas y arrogantes sin duda lo sublime desaparece [24].

El laberinto como un caos contenido

En el relato "historia del guerrero y de la cautiva" se desarrolla la idea de la ciudad, como Laberinto construido por los hombres; donde el bárbaro Droctulf que viene de ese otro laberinto que es la selva inextricable, llega a Ravena (arrastrado por la guerra) y queda absolutamente perplejo por el espectáculo que se le presenta:

"Ahí ve algo que no ha visto jamás, o que no ha visto con plenitud. Ve el día y los cipreses y el mármol. Ve un conjunto que es múltiple sin desorden; ve una ciudad, un organismo hecho de estatuas, de templos, de jardines, de habitaciones, de gradas, de jarrones, de capiteles, de espacios regulares y abiertos" [25]. Tal es su fascinación, que abandona a los suyos y muere defendiendo la ciudad que antes había atacado. Nos encontramos ahora, ante un atractivo más de los laberintos que construimos, su aparente orden en contraste del caos. Un orden basado en los mensajes que la arquitectura transmite.

En la cultura contemporánea, se trata de un orden espacial relacionado con la comunicación de masas [26]. En una arquitectura que abandona su forma pura en favor de los medios mixtos, creando espacios tan atrayentes como superficiales. Sin duda, cada día, nos dejamos "impresionar" por el espectáculo comercial que devora a la arquitectura, que compite con ella y termina por absorberla; en el propósito de embaucar a quien se adentra por el camino, donde la lectura espacial urbana queda reducida a una mera simulación que nos oprime. Se trata, en definitiva de evitar la absorción de la dimensión crítica en meras formulaciones figurativas, donde la ciudad como generadora de cultura se limite únicamente a fines persuasivos de la cultura de masas [27].

El laberinto como camino engañoso

Tan presente está la idea de la ciudad como laberinto, que despierta la fascinación y la atracción así Borges a parte de las historias de "el inmortal" y "historia del guerrero y de la cautiva"; en el cuento "Abenjacán el Bojarí, muerto en su laberinto" encontrará la culminación de cómo la ciudad se constituye como un laberinto que sirve al hombre como defensa y como atracción. En este escrito, se relata la historia de un hombre que hace construir un laberinto, no para defenderse o esconderse, sino para atraer a su perseguidor y darle muerte. De tal suerte, el laberinto por su atractivo, se puede convertir en una verdadera jaula, que nos aprisiona en un mundo del espectáculo y la fascinación que termina finalmente por absorbernos.

La calle, quizás sea el elemento que más se pueda asociar a los pasajes de los laberintos; pero no se trata únicamente de un lugar de paso y de circulación, ésta cumple con una serie de funciones simbólicas, de esparcimiento y de comunicación. La calle dentro de la ciudad, es el espacio donde se manifiesta y se muestra un grupo (donde se libera y confluye), es un desorden vivo, que informa y sorprende. Pero cuando no se logra esta función, la calle realmente se asemeja a un laberinto obscuro y atemorizante, cuando estas intenciones se abandonan y resultan demasiado forzadas donde el paso por la calle es obligatorio y reprimido, ocasiona que uno se pregunte si la calle, es realmente ¿un lugar de encuentros? [28].

Aún peor, en una visión más pesimista que se adentra en la arquitectura contemporánea, dominada por los intereses económicos de mercado, la calle se convierte en una jaula que nos atrae y nos absorbe; la calle se convierte en un escaparate, en un camino entre tiendas: "la mercancía convertida en espectáculo: provocante e incitante" [29]. Desde este punto de vista, la ciudad como "jaula" urbana, encauza a las multitudes móviles, confusas, inútiles de cuerpos y de fuerzas hacia la homogeneización del mercado como objetos y como instrumentos de su ejercicio: La ciudad como "fábrica" de individuos de consumo donde "la arquitectura ya no está hecha simplemente para ser vista, o para vigilar el espacio exterior, sino para permitir un control interior, articulado y detallado" [30].

Comentario
Ahora el laberinto, hasta una imagen del mundo en general. Ya no es sólo una concepción del mundo, sino que todo el mundo se hace laberinto. De tal suerte, el carácter simbólico del laberinto no se pierde; por el contrario, en la combinación y variación de todas las posibilidades, el laberinto como mundo adquiere un nuevo grado de realidad Una realidad marcada por nuestro momento cultural, en el que no nos resignamos del todo a afrontar lo que hemos construido [31].

La ciudad de las calles sin nombre, conclusión
Como hemos visto, la ciudad contemporánea, nos presenta la imagen de una caverna y un laberinto (que puede llegar a constituirse en una jaula), pero sobre todo la imagen de un escenario por construir: Lamentablemente, como arquitectos hemos aprendido a quedar satisfechos con sólo ver la foto de los edificios y a seguir admirando a los grandes "maestros" de la arquitectura contemporánea, esto ha ocasionado la producción de una arquitectura que se fotografía bien, olvidándonos que el objeto principal de la arquitectura debiera de hacer honor al hombre, que nos permita sentirnos importantes dentro de las cosas que nos suceden en nuestra vida cotidiana, que nos invite a pensar

Alejandro Guzmán Ramírez

que habrá un futuro, que existirá un mundo mejor, orgullosos de quienes somos y del lugar que habitamos.

La arquitectura, entonces, dejará de ser un muestrario de objetos artificiales ajenos, para convertirse en una ciudad de calles sin nombre, donde la dimensión teatral, trágica y cómica de sus habitantes se convierta en lo que dé sentido a cada uno de los lugares por los que transitemos o permanezcamos en el ir y venir de nuestra vida diaria.

La ciudad de las calles sin nombre

En la tragedia griega, el centro del escenario lo ocupaban casi siempre los héroes, únicos que se hallaban en contacto directo con los dioses. La vida cotidiana tenía reservado, en cambio, un espacio subalterno y sin rostro: el del coro. Lo formaban todos aquellos (habitantes comunes) que se quedaban relegados en la ciudad cuando los demás partían en busca de la aventura, del poder y de la gloria.

Indudablemente, se requiere de héroes que contribuyan a la construcción de la ciudad, pero no, cómo los que se nos han presentado, sino aquellos que son verdaderos identificables por su "penetración" y "sinceridad"; aquellos que viven entre las cosas, no entre la exhibición de las cosas. Hombres comprometidos moralmente con su calidad de vida y su comunidad [32].

En la *República*, Platón trazó el correlato político de la visión del mundo, donde el gobierno de su sociedad ideal no estaría en manos de inexpertos, sino de reyes-filósofos, únicos que se hallarían en contacto directo con la verdad. Ésta es sin duda, la perspectiva de la cultura que ha dominado nuestro pensamiento (la del hombre clásico); y simplemente, a través del tiempo, se han cambiado los decorados (el «gran» edificio y la aplastante construcción), al igual que los personajes y sus virtudes (el exitoso empresario, o la «vanguardia» arquitectónica) se presentan ante el escenario público como lo «grandioso», en oposición a la esfera privada, en que casi todos vivimos nuestra realidad diaria, sudorosa y poco mostrable [33].

De eso se trata la ciudad de las calles sin nombre, se trata de reivindicar la posición de todos nosotros que hemos sido absorbidos (por la atracción del espectáculo consumista y de las modas) o que hemos sido marginados (en aras del progreso y del crecimiento económico); se trata de rebelarnos y no mediante gestas épicas, sino de manera más reflexiva para darle sentido o no-sentido a las condiciones de nuestra vida diaria no importando que tan triviales pudieran ser éstas. De aquí la importancia para captar, analizar y poder expresar esta situación, donde el espacio de la gente, se revele con mayor identidad, un espacio con cualidades para construir la ficción, la idea de una forma de vida esperada; conscientes de que "la ciudad no es un cuadro que va a ser exhibido, sino un espacio que es habitado por el hombre [34].

Se trata, en suma de potenciar y de reivindicar los contenidos culturales y espirituales de la comunidad en nuestro tiempo histórico. Solamente, así, seremos capaces de construir una ciudad de calles sin nombre; en el mensaje de cómo la gente se apropia del espacio y construye un lugar; nacido de la necesidad de encontrarse con otros, surgidos de la voluntad de comunicarse, de manifestarse y de expresarse. Así, Cassirer en su *Antropología filosófica*, [35] nos deja en claro que el hombre no puede vivir en un puro universo físico, ya que necesita de un universo simbólico, donde el lenguaje, el mito, el arte y la religión constituyan partes de este universo, formando los diversos hilos que tejen la experiencia humana; tanto en su valor personal como en su identidad colectiva.

De tal suerte, la arquitectura y en consecuencia la ciudad se debe edificar respondiendo a una forma de vida, entendida como un espacio de ilusión y fenómeno perceptivo; como el lugar que se nutre de su entorno (cosmos), por el que debe discurrir la imaginación, hacer patente la memoria y percibir los sentimientos. Donde el espacio se presente como una dimensión de la existencia humana. [36].

Así, ante la evidencia del malestar y vacío urbano que hoy soportamos, se hace preciso edificar una ciudad de realidades y ficciones, donde convivan tanto los espacios reales como los imaginarios: "Las ciudades, como los sueños, están construidas de deseos y de temores, aunque el hilo de su discurrir sea secreto, sus normas absurdas, sus perspectivas engañosas, y cada cosa esconda a otra". [37]. De tal suerte, "No tiene sentido dividir las ciudades entre felices o infelices, sino entre las que a través de los años y las mutaciones siguen dando una forma a los deseos y aquellas en las que los deseos, o logran borrar la ciudad, o son borrados por ella" [38]. Sin duda dependerá de nosotros elegir, cuál de estas ciudades queremos construir.

Notas

1. Platón, "Diálogos", México: Porrúa, 1980, pp. 551-569.
2. El momento actual que vivimos se ha definido como la era de la llamada hipermodernidad, la cual se ha caracterizado como una etapa donde el valor social que había sido sustituido por un valor de mercado y consumo (que marco la posmodernidad, ésta ahora siendo sustituido por valores de flujos, es decir de información y comunicación; que han llevado no solo a una falta de identificación individual, sino también a la homogeneización, la abstracción y la anomia del sujeto.
3. Augé, Marc, "los "no-lugares" espacios del anonimato", Barcelona: Gedisa, 1996.
4. El mito del eterno retorno viene a decir, que una vida que desaparece de una vez para siempre, que no retorna, es como una sombra, carece de peso, y, si ha sido horrorosa bella, elevada, ese horror, esa elevación o esa belleza nada significan. Si las cosas se repitieran constantemente éstas adquirirían mayor valor (peso) se convierte en un bloque que sobresale y perdura; cuando existe algo que no volverá a ocurrir, los hechos pasados se convierten en meras palabras, en teorías, en discusiones; se vuelven más ligeros.
5. Heidegger Martin, "Arte y Poesía", México: F.C.E. 1988, pp.41-68
6. Platón, *op. cit.,* p.552
7. Ídem.
8. Una interpretación que rebasa el ámbito arquitectónico, en el cual cada uno de nosotros tenemos un papel, desempeñamos un rol, a la vez que nos desenvolvemos en un escenario entre cúmulos de ficciones.
9. El mundo de la vida cotidiana no solo es algo que se da por establecido como realidad por los miembros ordinarios de la sociedad (en su comportamiento subjetivo); es un mundo, que se construye cada día a partir de sus pensamientos y de sus acciones.
10. Gianni Vattimo comenta que nuestra existencia está presa en una red, maraña de caminos que se pueden recorrer, pero no existe una liberación más allá de las apariencias, en un pretendido dominio del ser auténtico; existe sin embargo, la idea de libertad como movilidad entre las "apariencias".
11. Kosik, Karel, "La ciudad y lo poético", Revista Nexos, México, Febrero de 1998, p.69.

12. Ídem.

13. El laberinto llamado univiario (clásico), visto desde arriba parece un entramado indescriptible aunque en realidad su recorrido es un ovillo con dos cabos, de modo que quien entre por un lado sólo podrá salir por el opuesto. Incluso, como un camino que nos lleva necesariamente a un centro (como en el caso del laberinto del minotauro). El laberinto univiario es la imagen de un cosmos de habitabilidad complicada pero, en última instancia ordenado.

14. Es propio de la vida ese espacio intermedio (a lo mejor brevísimo) por el que erramos largamente, sin una noción clara del sitio al que vamos ni para qué, ni qué es lo que vamos a encontrar en el centro o en alguna de sus numerosas encrucijadas imprevisibles.

15. Kosik, *op. cit.*, p.336.

16. Grau, Cristina, "Borges y la Arquitectura", Madrid: Ediciones Cátedra, 1995, p.125.

17. Foucault, en su análisis del nacimiento de la prisión, sin duda, nos muestra una serie de mecanismos de control en la cultura social; un verdadero conjunto de procedimientos para dividir en zonas, controlar, medir, encauzar a los individuos para hacerlos a la vez "dóciles y útiles".

18. Acerca de la ida del trasfondo en la obra de arte.

19. Borges, Jorge Luis, "El Aleph", Madrid: Alianza Editorial, 1997.

20. Borges, *op. cit.*, p.16.

21. dem.

22. Borges, *op. cit.*, p.17.

23. Borges, *op. cit.*, p.18

24. La forma normal, habitual, de erradicar lo poético de las ciudades modernas para sustituirlo por lo no-poético, la forma usual y más extendida de privar a las ciudades de lo poético es la metamorfosis humillante y degradante: "lo bello es reemplazado por lo bonito y por lo grato, lo sublime por lo imponente, la intimidad de las cosas por la agresividad".

25. Borges, *op. cit.*, p. 57

26. Un sistema de concebir el espacio, caracterizado por el momento en el que el anuncio se sobrepone a la arquitectura y no se sabe si el edificio es el anuncio, o el anuncio es el edificio.

27. Lo que Umberto Eco ha definido como "la reducción de la imagen a la pura forma vacía y disponible".

28. Quizá, pero ¿qué encuentros? Aquellos que son más superficiales, ya que en la calle se marcha unos junto a otros, pero no es el lugar de encuentros; ya que domina el "se" impersonal, e imposibilita la constitución de un grupo, de un "sujeto".

Alejandro Guzmán Ramírez

29. Lefebvre Henri, "La revolución Urbana", Madrid: Alianza Editorial, 1972, p.25.
30. Foucault, Michel, "Vigilar y Castigar", México: Siglo XXI, 1999, p.177
31. Nos encontramos en un momento cultural, donde ya no podemos establecer claramente la oposición abrupta entre lo tradicional y lo moderno, esto ha traído, así una cultura híbrida caracterizada por una mezcla de memoria heterogénea e innovación, construyéndose una nueva cultura de recomposición urbana a niveles globales y universales.
32. Cassirer, Ernst, "El Mito del Estado", México: F.C.E.,1997.
33. Jose Nun, plantea esta reflexión en las esferas de lo político, la rebelión de los marginados; descompaginando el libreto, violando el ritual de la discreción y de las buenas formas, plantándose en medio del escenario y exigiendo ser escuchados.
34. Fernández Alba Antonio, "La metrópoli vacía. Aurora y crepúsculo de la arquitectura de la ciudad moderna", Barcelona: Anthropos, 1990, p.38.
35. Cassirer, Ernst, "Antropología filosófica", México: F.C.E., 1997, pp. 45-49.
36. Innumerables, son las referencias a esta idea por Bachelard en su poética del espacio, en especial cuando asocia las imágenes y los seres en su función de habitar; de cómo los seres generan sus formas (espacio construido) o tienen la capacidad de tomar la forma existente y hacerla suya.
37. Calvino, Italo, "Las ciudades invisibles", Madrid: Ediciones Siruela, 1994, p. 58.
38. Calvino, op. cit., p. 49.

Bibliografía

Augé, Marc, "los "no-lugares" espacios del anonimato", Barcelona: Gedisa, 1996.

Bachelard, Gastón, "La poética del Espacio", México: Fondo de Cultura Económica, 1997.

Borges, Jorge Luis, "El Aleph", Madrid: Alianza Editorial, 1997.

Calvino, Italo, "Las ciudades invisibles", Madrid: Ediciones Siruela, 1994.

Cassirer, Ernst, "Antropología filosófica", México: F.C.E., 1997.

Cassirer, Ernst, "El Mito del Estado", México: F.C.E.,1997.

Eco, Umberto, "Obra abierta", Buenos Aires: Planeta, 1992.

Fernández Alba Antonio, "La metrópoli vacía. Aurora y crepúsculo de la arquitectura de la ciudad moderna", Barcelona: Anthropos, 1990.

Foucault, Michel, "Vigilar y Castigar", México: Siglo XXI, 1999.

Grau, Cristina, "Borges y la arquitectura", Madrid: Cátedra, 1995.

Heidegger Martin, "Arte y Poesía", México: F.C.E. 1988.

Kosik, Karel, "La ciudad y lo poético", Revista Nexos, México, Febrero de 1998.

Lefebvre Henri, "La revolución Urbana", Madrid: Alianza, 1972.

Num, José. "la rebelión del Coro", Revista Nexos, No. 46; México, Octubre de 1981.

Platón, "Diálogos", México: Porrúa, 1980, pp. 551-569.

Acerca del encuentro de relatos y realidades en el espacio guanajuatense

EDGAR FABIÁN HERNÁNDEZ RIVERO

Las creencias de una sociedad son determinantes en la conformación y apreciación de su entorno, aunque no suelan observarse como tales por quienes planean, diseñan y promueven el espacio habitable. Aparentemente, es sencillo aceptar y operar bajo la idea de que, en una comunidad, los elementos cuyo valor no sea evidente -palpable y cuantificable- se contraponen y no son aplicables a la imagen generalizada que se tiene de desarrollo. Sin embargo, es en estos elementos 'de otra naturaleza' -y 'con otras finalidades'- donde justo recaen el porqué y el cómo de la vida en una sociedad. Se tenga o no conciencia de ello, son estos 'relatos' de carácter existencial los que, en última instancia, le generan identidad y proporcionan sentido a un pueblo, y esto, indiscutiblemente, tiene resonancia en la espacialidad. En algunas 'realidades', las expresiones a las que nos referimos se muestran con mucha fuerza, en otras, de forma más sutil, pero siempre están presentes.

El valor que le imprime la comunidad guanajuatense a su pensamiento -creado y heredado- posee implicaciones claras para el espacio. La fiesta patronal de la ciudad, conocida popularmente como 'El día de la cueva', adquirió una dimensión singular en años recientes, cuando se hizo pública la intención de edificar un desarrollo de uso mixto en el área donde se lleva a cabo anualmente la verbena de la celebración, surgiendo así una discusión entre diversos grupos acerca de lo que esto significaría -tanto positiva como negativamente-. Lo cierto es que la zona llevaba años en proceso de transformación, lo que nos dice que, en esencia, la discusión no se centraba en la acción precisa de edificar, sino en lo que esto representa en términos de tradición y creencia.

La propuesta de desarrollo, más allá de sus características, parece haber golpeado elementos sustanciales de la sociedad local, perturbando cierto efecto que le produce la festividad mencionada e incentivando un cuestionamiento generalizado acerca del concepto de identidad -y su puesta en práctica-. Y es que, en todo aquello referente a los relatos y manifestaciones tradicionales, lo que importa no es su validez lógica sino "la intensidad y la hondura con que se experimentan las relaciones humanas" [1] a través de ellos.

En una lectura superficial del panorama de la ciudad se observa que sus características y componentes son la respuesta a las condiciones geográficas específicas del lugar donde se asienta (entre los linderos de la sierra de Santa Rosa y las tierras cultivables del Bajío); sin embargo, son los detalles de su espacialidad los que nos permiten indagar cómo es que se establece el diálogo entre la materialidad y el imaginario de sus habitantes.

Al experimentar la ciudad, desde una óptica reflexiva, notaremos que el efecto provocado por la conjunción de su traza urbana, disposición de edificaciones, materiales, colores y texturas, manifiesta congruencia con el entendimiento del mundo de su población. Los intrincados recorridos que culminan en remates visuales muy específicos, las formas irregulares de sus espacios públicos cuya iluminación cenital pareciera hacer simbiosis con la disposición de vegetación y mobiliario urbano, e inclusive con el desgaste por el tiempo de los paramentos y túneles, son muestra de la persistencia de un pueblo por crear ambientes destinados a la detonación emotiva.

Haciendo uso de los relatos, el ser humano ha intentado satisfacer su deseo y necesidad de "discernir y dividir, de ordenar y clasificar los elementos de su contorno" [2], es decir, de vivir en un universo organizado que se encuentre dentro de los límites de su entendimiento. A través del uso del lenguaje, estos relatos explicativos del mundo, en su conjunto, se han constituido como un ideario unificador que conduce a la construcción de un imaginario colectivo; este imaginario, dadas las condiciones en que se gesta, es común que se muestre como un punto intermedio entre lo lógico y lo irracional; sin embargo, posee la capacidad de brindarle identidad a un grupo y, en gran medida, dictar su comportamiento.

Teniendo conciencia de esto se comprende la inconveniencia de buscar establecer "una brusca distinción entre el mundo 'subjetivo' y el 'objetivo'" [3].

El pensamiento que comparte un determinado grupo social a través de sus relatos, en sí mismo, puede tener diversas connotaciones individuales al hacer manejo de un lenguaje simbólico asociado a una realidad, aunque, en 'el auténtico relato', las imágenes "no son consideradas como símbolos, sino como realidades" [4]. El análisis lógico del mismo pudiera resultar irrelevante para ciertos fines por conducir a la idea erronea de que, en la actualidad, la sociedad que hace uso de él lo interpreta literalmente. Ernst Cassirer, al estudiar las implicaciones políticas de estos relatos, comenta que "el estudio del tema del mito no puede proporcionarnos una respuesta definida. Pues lo que deseamos [comprender es] su función en la vida social y cultural del hombre"[5] y no su apego a la realidad. En las construcciones elaboradas de estos relatos -como la religión- "nuestras emociones no se convierten simplemente en actos; se convierten en 'obras'. Estas obras no se desvanecen. Son persistentes y duraderas"[6]. Es decir, los relatos se materializan a través de expresiones -artísticas, espaciales-, y en ellos, el hombre "vive una vida de emociones, no de pensamientos" [7].

La imponencia del contexto natural -particulares conformaciones rocosas y decenas de cadenas montañosas cubiertas por un denso bosque de pinos y encinos- debió estimular, en alguna forma, la interpretación que el guanajuatense tenía de sí mismo y de su entorno, llevándolo esto a niveles profundamente emotivos. A su vez, esto se vio enmarcado por el estilo de vida colonial –momento histórico del florecimiento y esplendor de la ciudad- y lo que esto supuso: un sistema definido de organización y creencias.

El papel que desempeña el entorno natural para el desarrollo de la comunidad guanajuatense es importante para el entendimiento de su conjunto de creencias y relatos. Si las actividades económicas y sociales giraban en torno a la minería, a la obtención de metales inmersos en las entrañas de la montaña, entonces esta conformación geológica se convierte, simbólicamente, en dadora de alimento y bienestar, adquiere un respeto colectivo cercano a la veneración. Sin embargo, en el imaginario de los pobladores de la colonia, el verdadero dador de bienestar es Dios, creador de esta fuente de suministro.

Dice Emilio Reyes que: "en el sistema de representaciones y valores de la sociedad novohispana la idea del Dios creador es una necesidad absoluta para la concepción del universo, elemento sin el cual el hombre es incapaz de explicarse el mundo y de orientarse en él. Dios es la verdad suprema para el hombre novohispano, es el elemento organizador y estructurador de sus ideas, de sus imágenes y representaciones; es la referencia de todos sus valores, el principio regulador de la imagen del universo en su totalidad [...] Es una creación imaginaria [...] que actúa en Nueva España como un sentido organizador de los comportamientos humanos y de las relaciones sociales" [8].

Como ejemplo sobresaliente del acoplamiento entre 'entorno natural' y 'dios creador', así como la manera en que esto se convierte en cohesionador de la sociedad y expresión en el espacio, se encuentra la celebración anual al patrono de la ciudad: San Ignacio de Loyola. Esta festividad tiene su origen durante el siglo XVII en la clase acomodada local, un selecto grupo del que parte significativa de sus miembros provenía de la región vasca en la península ibérica. De acuerdo con el cronista de la ciudad de Guanajuato, Isauro Rionda, personajes de esta influyente comunidad guardaban un recuerdo idealizado de su región de origen, sus paisajes y costumbres; de igual manera, poseían un fuerte arraigo a la tradición católica que se vio reforzado con su presencia en la Nueva España. Ignacio de Loyola fue el primer vasco canonizado, sin embargo, resultaría simplista señalar que su designio como patrono de Guanajuato se debió únicamente a esto; en realidad, destaca paradigmáticamente como el soldado civil reivindicado en 'soldado de Dios'.

La figura de Ignacio de Loyola resulta emblemática en la fe católica por haber abrazado fuertemente su discurso y, especialmente, por haberlo transformado en logros significativos para la causa. Al adentrarse en el relato oficial de su vida, se observa que sus experiencias se encuentran bajo un halo de divinidad que ha permitido consolidar su trascendencia histórico-cultural, tanto para el mundo cristiano como para la ciudad de Guanajuato.

Ignacio de Loyola ha sido objeto de veneración en diversos lugares y momentos. En el caso de Guanajuato, fue declarado como su patrono por el común acuerdo de las autoridades eclesiásticas locales y "los vecinos del Real de Santa Fe, minas de Guanajuato", según versa la declaratoria del Cabildo Sede/Vacante de Valladolid del 18 de junio de 1624 [9]. En este documento se hace la promesa de celebrarlo perpetuamente cada 31 de julio -fecha de su fallecimiento-. La presencia de una figura simbólica de veneración con 'gran fuerza moral' facilita en gran medida la consolidación de un sitio e identificación de sus miembros con la comunidad. En el contexto de la aprobación del patronazgo de Ignacio de Loyola, Guanajuato se posicionaba como un asentamiento minero importante en la Nueva España y "para el año 1630 [contaba] con más de 300 vecinos españoles, aparte de los indios y castas, dando entre todos un total aproximado de 5000 habitantes" [10]. Es probable que en este incipiente desarrollo, la diversidad étnica y la estructura económico-social se vieran traducidas en una complicada unificación -tanto de creencias como de organización- y, en consecuencia, en una volátil paz social.

Thomas Carlyle -quien reflexionó a mediados del siglo XIX acerca del 'héroe' como figura histórica, su perfil, mecanismos y capacidad de trascender- estableció en su teoría que, para estabilizar el orden social, lo recomendable es rendirle culto a individuos sobresalientes; ya que éstos se convierten en modelo, inspiración y guía para la comprensión del mundo más allá de la perspectiva racional, y es que "la sana comprensión no es nunca lógica y argumentativa, sino intuitiva" [11]. Estos personajes poseen la capacidad de hacer comprender a su comunidad, de manera emotiva, lo que le rodea –sea esto el mundo, la condición humana, etc.- Dada su imagen netamente positiva del individuo histórico, el mismo Carlyle propone una obediencia pasiva a esta figura: "adoración [...] cordial y reverente admiración, sumisión, ardor ilimitado por la más noble y casi divina forma del hombre" [12].

Al surgimiento de los 'personajes históricos' le antecede una serie de condiciones relacionadas con los sentimientos religiosos y espirituales del ser humano como colectividad [13]. Las circunstancias del Guanajuato de principios del siglo XVII debieron resultar adecuadas para la exitosa conexión entre sus pobladores e Ignacio de Loyola; al punto de permanecer con ahínco, al menos en apariencia, su veneración actual.

Entre las identificaciones de las características del individuo histórico desarrolladas por Carlyle existe una coincidencia importante en el caso del santo vasco. En las etapas previas a su vida religiosa, el patrono de Guanajuato mostró capacidad conciliatoria durante la pacificación en la Guerra de las comunidades de Castilla (1520-1522). De igual manera, manifestó 'convicción' y 'carácter' al permanecer desventajosamente en el frente durante el conflicto franco-navarro en Pamplona (1521) o en sus riesgosas intervenciones médicas tras ser herido en los ataques [14]. Precisamente, al encontrarse convaleciente por heridas provocadas en el conflicto militar, Ignacio de Loyola lee los libros *La vida de Cristo* y el *Flos Sanctorum*, los cuales le despiertan cuestionamientos y un posterior replanteamiento de su existencia [15]. En ese punto, su vida adquiere un nuevo significado y sentido –autoconocimiento- que finalmente lo lleva por una vida religiosa colmada de momentos con profunda carga simbólica, entre ellos, sus visiones divinas en una cueva, hecho que marcó permanentemente su mentalidad y acción. Carlyle plantea que toda figura histórica tiene un momento de descubrimiento -revolución interior- que lo conduce a tener una clara conciencia de sí mismo y sus objetivos; eventualmente, traduce esto en acciones [16].

Bajo esta línea, es de suma importancia considerar la claridad y visión que poseía Ignacio de Loyola en lo que a su proyecto personal se refiere. Peregrinajes, evangelización y una educación académica por Europa y Tierra Santa culminan con la fundación de la Compañía de Jesús bajo el juramento: "Servir a nuestro Señor, dejando todas las cosas del mundo" [17]. Como Superior General de la organización, Ignacio de Loyola envió a sus compañeros como misioneros por Europa para crear escuelas, universidades y seminarios, recintos donde estudiarían, tanto los futuros miembros de la orden, como los dirigentes europeos; construyendo así una de las legiones más importantes e influyentes del catolicismo en el mundo. Estos hechos nos hablan de su gran capacidad de penetrar ideológicamente en las masas, de su aprecio por el conocimiento y de un profundo ideal por trascender a su propio tiempo.

Indagar en la vida y logros de Ignacio de Loyola permite comprender que su designio como patrono de Guanajuato debió responder a elementos superiores al discurso colonial. Cuando

Carlyle habló de Fichte lo calificaba como "una inteligencia [...] robusta y sosegada [...] elevada, maciza e inconmovible. Sus opiniones podemos aceptarlas o rechazarlas; pero su carácter como pensador sólo pueden valorarlo a la ligera quienes lo conozcan mal" [18]. A juzgar por sus características, el santo vasco puede considerarse bajo este mismo entendimiento.

El simbolismo relacionado a Ignacio de Loyola se evidencia de diversas maneras en las expresiones de los guanajuatenses. Por ejemplo, resulta de suma importancia la experiencia transformadora de nuestro individuo histórico en una cueva, dado que el momento culminante de la celebración patronal de la ciudad es, hasta el día de hoy, la procesión nocturna y misa de acción de gracias en una de las cuevas de los emblemáticos cerros de la Bufa y los Picachos. Por otra parte, la selección de este sitio para la celebración cumple varios propósitos adicionales: 1) Se dice que la zona, al dominar visualmente el entorno y poseer peculiares formas rocosas, fungió como centro ceremonial de 'rituales paganos' –por parte de los pueblos chichimecas de la región- desde tiempos previos a la explotación minera; por lo que celebrar a San Ignacio de Loyola en dicho lugar simboliza una 'victoria contra el mal' al verse sometido el dios pagano por el dios verdadero, justo como lo hizo el santo patrono en su lucha en la contrarreforma; [19] 2) Los recorridos rituales hasta la cúspide pueden interpretarse como un acto de gratitud y veneración al entorno natural y su grandeza, lo que se ve favorecido con las características visuales del contexto durante la época de lluvias que acompaña cada año a la celebración.

Simultáneamente, la fiesta local comprende una verbena en el cerro del Hormiguero -colindante al de la Bufa y muy cercano a la mancha urbana- que, en términos generales, consistía en una comida en el campo y actividades adicionales como carreras y recorridos a caballo. En este aspecto, la celebración ha ido transformándose radicalmente con la sociedad misma; los rituales, como tales, permanecen, pero su significado se muestra distorsionado al sumársele funciones tan poco relacionadas como la venta de piratería, la emisión de discursos políticos, las actividades deportivas o los juegos mecánicos.

Es así que se cuenta, por una parte, con estas transformaciones evidentes de usos y costumbres, y por la otra, una intensa controversia a la pretensión de edificar en la zona. Al parecer, la sociedad guanajuatense -como muchas otras- se encuentra en una disyuntiva en la que se discute si lo adecuado es apostarle a la continuidad de sus tradiciones –quizá los sesgos de éstas- o favorecer la contraparte, la idea que se tiene de 'desarrollo' en la sociedad actual.

Podríamos decir que esta disyuntiva se hace presente en toda valorización del espacio construido en aquellos sitios donde se guarda un significativo arraigo de sus tradiciones. Aparentemente, toda intervención arquitectónica de estas características representa un peligro, un hecho que marcará la pauta para una eventual desaparición. Pero ¿podría una obra arquitectónica constituirse como un medio que no sólo evite la disipación de los relatos y eventos cohesionadores, sino que funja como un vehículo real entre una sociedad vigente y su herencia intangible? La cuestión puede abordarse desde la reflexión sobre lo que una obra arquitectónica 'es' en realidad –o puede llegar a ser-.

A mediados del siglo XX, el filósofo Martin Heidegger planteó un nuevo entendimiento del concepto 'construir' desligándolo de su acepción tradicional. Él vincula su significado al de 'habitar', no visto como la simple ocupación o alojamiento, sino como el "haber sido llevado a la paz, permanecer [en lo] libre [...] que cuida toda cosa llevándola a su esencia" [20]. Es decir, en el 'habitar', el hombre encuentra aquella sustancia que le alimenta –espiritualmente- y le brinda cuidado; en el 'habitar', el ser humano 'es' y 'se encuentra', 'se construye'. Este autor comenta que el hombre es parte de un componente en el que convergen el cielo, la tierra, lo divino y lo mortal –la 'cuaternidad'-; elementos que, aunque entendidos individualmente, no se conciben los unos sin los otros. Esto tiene relevancia porque en el 'habitar' se suscita ese encuentro, es como si ahí –y sólo ahí- el hombre identificara su satisfacción a esta necesidad esencial.

No todo hombre 'se construye' ni toda obra arquitectónica permite el 'habitar'. Sin embargo, para cualquier creación debiera ser ese su destino. En el caso de la ciudad de Guanajuato, hemos constatado que la zona en la que se pretende edificar posee un significado trascendente para la sociedad local, mientras que, a su vez, se presentan severas transformaciones en la manera de ocuparlo –y muy probablemente de entenderlo-; parece que en algún momento se distorsionó el vínculo de los habitantes con el sitio. Retomando a Heidegger, quien comenta, a través de la metáfora de un puente, que: "No junta sólo dos orillas ya existentes. Es pasando por el puente como aparecen las orillas [...] es propiamente lo que deja que una yazga frente a la otra [...] El puente *reúne* [...] *coliga* según *su* manera [...] tierra y cielo, los divinos y los mortales" [21]. Una obra realmente puede constituirse como un medio para el fortalecimiento de vínculos, pero sólo si hay una búsqueda genuina de la esencia, tanto de esta sociedad como de este sitio; si este acoplamiento se lograra congruentemente construiríamos lo que Heidegger llama 'lugar', es decir, una delimitación –una 'frontera'- que no está referida a "aquello en lo que termina algo, sino [...] aquello a partir donde algo comienza a ser lo que es" [22].

¿Cómo lograr llegar a la esencia de este sitio y de esta sociedad guanajuatense a través de la obra arquitectónica? Sabemos que a todo objeto de diseño le antecede una necesidad utilitaria a la cual se le debe dar respuesta, pero habría que trascender la mera relación de superficies, volúmenes, costos y ganancias; en el proceso de creación de una obra resulta clave identificar cuál es realmente el asunto a tratar, en qué consiste y cómo se relaciona con otros aspectos, de tal forma que comprendamos qué debe resultarle inherente -esencial- al objeto a punto de ser creado; lograr un entendimiento global de lo interno y externo de la obra arquitectónica a partir de sus bases fundamentales.

La obra arquitectónica ni es un resultado aislado ni opera de forma cerrada, es parte de una serie de fenómenos sociopolíticos, culturales, geográficos o económicos, que inciden en ella y terminan por constituirla –desde su proceso de creación, pasando por su materialización y hasta sus transformaciones a través del tiempo-. Tener presente esto permite concebir a la obra arquitectónica con alcances muy superiores a las dimensiones del predio en el que se encuentra y, adicionalmente, con mayor profundidad para el ser humano que lo físicamente evidente. En su teoría estética dice Nikolai Hartmann que "el propósito práctico está lejos de ser un mero momento negativo o inhibidor de la arquitectura [...] Debe proponerse una tarea y justo en su solución debe mostrarse el arte" [23]. La aparición del 'arte' en la obra arquitectónica está más relacionada con la atención de los vínculos, con la emisión mensajes coherentes y significativos, que con el planteamiento arbitrario de funciones, elementos, formas y estilismos. En la obra arquitectónica, aunque inicialmente se busque cumplir la función primaria de utilidad, se gesta el 'habitar' con la búsqueda del diseñador por construir la experiencia del usuario de acuerdo a lo que a éste le resulte valioso, estimulante, evocativo; cualidades detonadas por el reconocimiento de sí en la obra, un diálogo -una conversación- entre el objeto en su conjunto y el habitante, un encuentro entre el relato y la realidad.

Tanto en el caso del conjunto en Guanajuato como en cualquier otro, la voluntad del habitante y la comunidad –sus creencias, su manera de entender la existencia, su estilo de vida, su 'alma'- ha de revelarse en y a través del espacio, "los valores formales se hacen inteligibles como expresión de los valores internos de manera que desaparece el dualismo entre la forma y el contenido" [24].

El entendimiento de la cultura e ideario de un pueblo es consideración clave en la concepción del espacio urbano-arquitectónico. La concordancia entre la imaginación colectiva y las características y usos espaciales trasciende a un discurso meramente preservacionista; "el punto importante es la relación con una vida humana que transcurra en formas determinadas. Sólo cuando se da esta relación puede aparecer la vida y la forma del ser del hombre en sus construcciones [...] puede llamarse [a esta relación] de la voluntad vital [...] no de modo individual, sino histórico, en el sentido de una comunidad humana viva con una peculiaridad, unos ideales y unas nostalgias comunes" [25].

El ser humano anhela un diálogo significativo con su entorno, al encontrar las condiciones para ello lo aprecia, respeta y busca su continuidad. El entendimiento de esto en los procesos de planeación, diseño y materialización del ambiente construido se traduce en un beneficio generalizado -y si así se quiere ver, de las partes-. Edificar no implica necesariamente que elementos intangibles, como las tradiciones, se encuentren en riesgo, contrariamente, puede enriquecerlas si en su esencia apunta al 'habitar', al deseo y necesidad humana de 'construirse'. A su vez, la intención de preservar por 'simple permanencia' es paradójica, pues desencadena efectos contrarios a sus fines; identificar a la ciudad de Guanajuato como un complejo de monumentos que debe situarse en lo inmutable puede significar poner en riesgo la supervivencia misma de sus estructuras e, inclusive, del contexto en el que se encuentran, al no hacerlos parte sustancial y efectiva en la vida de la comunidad. Si la transformación de la sociedad es inevitable –como la fiesta patronal actual parece corroborar-, se deben identificar las maneras de 'construir puentes' -en el sentido Heideggeriano- y evitar incrementar la brecha entre el vínculo fidedigno del habitante y su entorno; el espacio puede, y debe ser, un vehículo para el encuentro, la conciliación y la potencialización.

Notas

1. Cassirer, Ernst, "El mito del Estado", México: Fondo de Cultura Económica, 1985, p.50.
2. Ídem, p. 21.
3. Ídem, p.10.
4. *Ídem*, p. 61.
5. *Ídem*, pp. 45-46.
6. *Ídem*, p.60.
7. *Ídem*, pp. 32-33.
8. Reyes Ruiz, Emilio, "El pensamiento filosófico en la Ciudad de México durante la colonia: una muralla contra el tiempo", México: UNAM, 1995, p.24.
9. Vascos México A.C., "San Ignacio de Loyola, patrón de la ciudad de Guanajuato", México, 2011. Recuperado de: http://www.vascosmexico.comindex2.phpoption=com_content&do_pdf=1&id=926
10. Rionda Arreguín, Isauro, "Brevísima historia de la ciudad de Guanajuato", Guanajuato, 1983.
11. Cassirer, Ernst, "El mito del Estado", México: Fondo de Cultura Económica, 1985, p.224
12. Ídem, p.225.
13. *Ídem*, p.224.
14. De Loyola. Recuperado de: http://es.wikipedia.org/wiki/Ignacio_de_ Loyola
15. *Ídem*.
16. Cassirer, *op.cit.*, p.235.
17. http://es.wikipedia.org/wiki/Ignacio_de_Loyola
18. Cassirer, *op.cit.*, p.248.

19. Rionda, Isauro, Cronista vitalicio de la ciudad de Guanajuato, "entrevista".
20. Heidegger, Martin, "Construir, habitar, pensar", Barcelona: Conferencias y Artículos Serbal, 1994, p.3.
21. Ídem, p.5
22. Ídem, p.6
23. Hartmann, Nikolai, "Estética", México: UNAM, 1977, p.250
24. Worringer, Wilhelm, "La esencia del gótico", México: Fondo de Cultura Económica, 1975, p.13
25. Ídem, pp.253-256

102

Bibliografía

Cassirer, Ernst, "El mito del Estado", México: Fondo de Cultura Económica, 1985.

De Loyola, recuperado de: http://es.wikipedia.org/wiki/Ignacio_de_Loyola

Hartmann, Nikolai, "Estética", México: UNAM, 1977.

Heidegger, Martin, "Construir, habitar, pensar", Barcelona: Conferencias y Artículos Serbal, 1994.

Reyes Ruiz, Emilio, "El pensamiento filosófico en la Ciudad de México durante la colonia: una muralla contra el tiempo", México: UNAM, 1995.

Rionda Arreguín, Isauro, "Brevísima historia de la ciudad de Guanajuato", Guanajuato, 1983.

Vascos México A.C., "San Ignacio de Loyola, patrón de la ciudad de Guanajuato", México, 2011. Recuperado de: http://www.vascosmexico.comindex2.phpoption=com_content&do_pdf=1&id=926

Worringer, Wilhelm, "La esencia del gótico", México: Fondo de Cultura Económica, 1975.

Del *locus amoenus* al objeto de uso

AMAYA LARRUCEA GARRITZ

El espacio abierto urbano es para las poblaciones citadinas, el último reducto del *locus amoenus* clásico. El concepto que da origen a este lugar, se encuentra totalmente perdido en nuestras urbes, sin embargo, comprender sus características y buscar la manera de hacerlos presentes en proyectos contemporáneos, sin duda nos llevará a propuestas que garanticen un enriquecimiento de la vida urbana.

Pero, ¿cómo aparece la idea del *locus amoenus* y qué características tiene? Encontramos este concepto en diferentes obras literarias. En la tradición clásica la glorificación del mundo empieza con Homero: la naturaleza participa de lo divino. En el paisaje placentero tienen su morada las ninfas o Atena o Ártemis. En el jardín de Alcínoo, descrito en la *Odisea*, encontramos las características esenciales de todo *locus amoenus*: un prado muy fértil con árboles frutales productivos todo el año, una fuente o riachuelo, flores con el agregado de canto de aves y la eterna primavera y el soplo de la brisa de occidente—que es la misma que sopla en las cumbres del Olimpo.

En los poetas posteriores, estos motivos del paisaje homérico se convierten en canónicos y forman un patrimonio estable que se va a codificar en la retórica. En esta codificación pierde su carácter vital convirtiéndose en un motivo meramente ornamental. Antes de que ocurriera esta transformación es importante resaltar, que en la poesía antigua el paisaje habitado por los dioses no difería en absoluto del ocupado por los humanos. Lo que más valoraban los poetas griegos del paisaje placentero era ante todo la sombra, el sonido de una fuente y una alfombra florida donde se sientan los enamorados a quienes canta el poeta. Estos temas de la poesía bucólica se repitieron durante dos milenios siendo desde luego

Virgilio el que llevó la poesía pastoril y el tema del *locus amoenus* a su forma más acabada.

Amoenus -ameno, agradable, placentero- es el adjetivo que Virgilio aplica permanentemente a la naturaleza hermosa. Algunos autores hacen derivar la palabra de amor, los «lugares amenos» sirven para el amor y específicamente en la poesía bucólica están excluidos de todo fin utilitario. Es a partir de Ovidio y sus epígonos que las descripciones del *locus amoenus* se convierten en ejercicios de virtuosismo en el que los poetas compiten por superarse en la proliferación de elementos, hasta constituirse en una descripción técnica despojada de toda vitalidad. En Ovidio aparece la pérdida de la unidad entre lo divino y lo humano para convertirse en una mera riqueza de la representación. Esta unidad vital es rescatada sólo hasta el renacimiento particularmente en el Polifilo al que me referiré más adelante.

La imagen del *locus amoenus* por excelencia nos remite, por supuesto, al paraíso terrenal. Conocemos, sin embargo, diferentes variantes de este símbolo. Existe en la tradición protestante [1] la idea que sostiene que el paraíso terrenal, es decir el jardín de las delicias, era la tierra entera que proveía sin que los humanos tuvieran que cansarse y por ello eran poseedores de la felicidad perpetua. Entonces, la expulsión no fue tanto de un lugar como de un estado, la forma de concebir el lugar cambió y en esa medida se modificó el espacio. Si esto es así, el humano puede reconstituir ese estado por medio de la rememoración y así construir el *locus amoenus*. Este sería entonces una forma de vida, una actitud ante la vida que puede ser propiciada por un espacio abierto que evoque y transporte a quien lo viva a ese estado de ánimo que no es otro que el antiguo ideal griego de naturaleza, cuya desaparición ya ha denunciado Asunto [2].

Durante toda la edad media cristiana se incorpora el *locus amoenus* como requisito poético, sobre todo en las descripciones del paraíso terrenal que es un lugar ideal del que el hombre esta expulsado y donde la unidad entre dioses y humanos no existe. En general, en este periodo este lugar es una rosa y como tal perecedera, por ello estos autores nos remiten a la rosa del cielo, un lugar fuera de este mundo.

En la épica medieval se utiliza el paisaje como escenario de la acción, por ejemplo en el *Cantar de Roldán*: aparecen árboles y colinas en las escenas de lucha. También tiene lugar un concejo militar "bajo un laurel" acompañado de la fuente, el arroyo y el prado que lo revelan como un*locus amoenus*. Va a ser la novela cortesana la que restaura el lugar central del locus amoenus, desde Parsifal, criado en un bosque y en el *Cantar de mío Cid*, donde el suceso central de la afrenta de sus hijas ocurre en un "vergel con una limpia fuente". Es sobre todo en el Roman de la Rose de Guillaume de Lorris, donde el *locus amoenus* ocupa el lugar central; es en el jardín cerrado- *hortus conclusus*- donde ocurre tanto el acceso del personaje a la orden de caballería como su enamoramiento y la conquista de la dama.

El giro fundamental que da *El sueño de Polifilo* (Hypnerotomachia Poliphilli, Venecia, 1499), atribuido a Francesco Colonna, es la identidad en la transformación y evolución del personaje y la transformación y evolución del *locus amoenus* que ocurren en paralelo. El libro en su conjunto, es el trayecto iniciático de Polifilo cuya finalidad es conseguir la sabiduría, simbolizada por el amor de Polia. (De hecho, Polifilo quiere decir «enamorado de Polia»)

Conforme va avanzando el texto los *loci amoeni* van siendo cada vez más elaborados, la mano del hombre es más notoria y al mismo tiempo va aumentando la elevación del personaje, representada como un aumento de la devoción tanto a su amada Polia como hacia la tierra. Las transiciones de un momento de esa ascensión son notorias al irse produciendo un lugar cada vez más bello, acorde con el aumento de la belleza del alma del personaje, con ejemplos de mejor arquitectura y mayor calidad en la naturaleza construida en los jardines. Las descripciones de estos elementos produjeron la influencia decisiva de este texto en la tratadística arquitectónica posterior y de manera esencial en la escuela italiana de jardinería.

Quisiera destacar dos aspectos centrales del Polifilo. El primero se refiere al jeroglífico sobre un puente que aparece en el capítulo siete. Tiene un anillo (semper), un delfín (festina) y un ancla (tarde): *Semper festina tarde*: "Apresurate siempre lentamente". Se suma a este motivo la aparición de cinco ninfas que representan los sentidos. El despertar de los sentidos es la forma de alcanzar el

Palacio de Eleuterílida la reina que representa el libre albedrío. El apresurarse lentamente, la apertura de los sentidos y la posesión de la libertad son los elementos que hacen posible que Polifilo acceda a la sabiduría o, lo que es lo mismo, al amor de Polia, finalidad de toda la historia. Las ninfas, -sus sentidos- le recomiendan entonces: "Pon en fuga cualquier aflictiva tristeza y rehaz tu ánimo alegrándote con nosotras y, desechado todo temor, entrégate al placer" [3].

El segundo aspecto es que habiendo conseguido la sabiduría, el camino ya está abierto. Esto se prueba con su buena decisión de continuar el camino por la puerta "Madre del Amor" desechando las otras dos, "Gloria de Dios" y "Gloria Mundana". De esta forma es conducido a la Isla de Citerea , un jardín muy elaborado con la codiciada "Fuente de la Vida" en el centro. El encuentro consigo mismo propiciado por el *locus amoenus* es la única posibilidad de llegar a la fuente de la verdadera vida que significa eclosión de la misma y la inserción del personaje en ella.

El jardín de las delicias es la obra del humano que reproduce la naturaleza para demostrar que ha dominado sus secretos. En el fondo pues, el locus amoenus es la expresión visible del humano que posee un infinito de riquezas interiores. Es una solución de continuidad con respecto a la vida cotidiana.

Dejando al Polifilo y acercándonos en un enorme salto que por su sola temporalidad explica los profundos cambios, el espacio abierto urbano que hoy es el más cercano a la mayoría de las personas, dista profundamente de los conceptos que hemos mencionado. Su interés se centra en su oferta de actividades, en su uso objetual y en hacer extensivo el movimiento incesante de la ciudad. Vemos en nuestras ciudades parques y jardines públicos repletos de "máquinas para divertirse", rentados para negocios. Su situación contextual los presiona, los aniquila, sin embargo, surgen hoy opciones alternativas como el ecoturismo urbano, que rescata los valores naturales de los emplazamientos que alrededor de la mancha urbana. La propuesta es entonces incluir en estos nuevos proyectos los valores del *locus amoenus* y por supuesto, no me refiero literalmente a los elementos que lo conforman, sino a las posibilidades de enriquecer la apertura de los sentidos, de invitar una fresca brisa, de apresurarse lentamente y de proveer las condiciones para colaborar a que en ellos el hombre pueda encontrar en sí mismo el paraíso terrenal.

Quiero finalizar con estas palabras de *Assunto profundo estudioso del jardín*: "En el goce estético del jardín el hombre hace infinita en sí mismo como ser pensante su propia finitud de mero viviente".

Notas

*   Ponencia presentada en el 2° Coloquio Nacional de Teoría de la Arquitectura, Facultad de Arquitectura, UNAM, 2006
1.   Vadian y Goropius: Goropius, "Origines antwerpianae", Amberes, 1569
2.   Asunto, Rosario, "Ontología y teleología del jardín", Tecnos: Madrid, 1991.
3.   Colonna, Francesco, "El sueño de Polifilo", Murcia: Comisión de Cultura del Colegio de Aparejadores y Arquitectos Técnicos, 1981, p. 70

109

Bibliografía

Asunto, Rosario, "Ontología y teleología del jardín", Tecnos: Madrid, 1991.

Colonna, Francesco, "El sueño de Polifilo", Murcia: Comisión de Cultura del Colegio de Aparejadores y Arquitectos Técnicos, 1981.

Vadian y Goropius: Goropius, "Origines antwerpianae", Amberes, 1569.

Amaya Larrucea Garritz

¿Qué recorte territorial podemos llamar de barrio?
El caso de Apipucos y Poço da Panela en Recife

SANDRA AUGUSTA LEÃO BARROS

La palabra barrio según los diccionarios y otras definiciones
Según la mayoría de los diccionarios, la palabra barrio corresponde a "cada una de las parte en que se acostumbra dividir una ciudad o pueblo, para la más precisa orientación de las personas y más facil control administrativo de los servicios públicos" [1], viene del latín 'barrium'o del arabe 'barri' (de fuera, exterior, separado), que por su vez se acerca de 'arraial' de Minas Gerais -pequeño pueblo rural.

Se acerca del inglés 'neighbourhood' y del francés 'quartier', que da una idea de contiguidad, pertenencimiento, diferente del 'district', de la 'unité de voisinage' (unidad de inmediación) y del 'banlieue' (suburbio, periferia). Según Souza [2], la etimología es barr, bar, tierra, campo, campo inmediato a una población. Bar, barr, barrio, continuó llamándose ese campo mismo después de haber edificado en él; y por último vino a significar 'barrio' una de las divisiones locales o municipales de los pueblos, y sobre todo de los pueblos grandes. En algunas partes, por 'barrio'se entiende lo mismo que 'arrabal' -grupo de población situado en el extremo de la misma, o un poco separado de ella.

Por otro lado, la idea de barrio portuguesa, a menos lisboeta, es que son grandes regiones administrativas, existiendo solo 4 barrios: Lisboa Oriental, Lisboa Occidental, Barrio Alto y Barrio Bajo, encubriendo un total de 43 parroquias. La orientación y el reconocimiento del territorio por los habitantes es todo hecho por la denominación de las parroquias, cada una dedicada a un santo devoto. Situación que permanece hacia los días de hoy. Los barrios son sólo extensos límites para la ordenación y el control de los servicios urbanos por parte de la Cámara Municipal de Lisboa, especie de ayuntamiento local.

Allende de las cuestiones de nomenclatura, podemos decir que el 'barrio' sólo existe verdaderamente cuando esté apoyado sobre el tripe morfológico-dimensional (a); político-administrativo (b) e histórico-social (c). O sea, es encerrado por una forma y un tamaño (a), por líneas o limites que lo representan para la disposición de los servicios por parte del Estado (mismo que las líneas oficiales no coincidan con los límites de los habitantes (b), y es escenario de actos históricos y depositarios de valores sociales y culturales de aquella sociedad que lo habita (c). Cada una de esas fases en separado no sirve para caracterízalo, visto que sólo funciona entrelazadas y complementadas entre sí.

Del punto de vista morfológico-dimensional

Allende de una forma y un tamaño, la escala barrio sería la escala intermedia entre la escala de la calle y la escala de la ciudad [3], correspondiendo todavía a la dimensión urbana, según Lamas [4]. Souza [5] afirma que un barrio ideal debería tener entre 3 y 5 km de extensión, mientras que Carlos Nelson dos Santos [6] cuantifica una media de 36 cuadras la extensión de un barrio en el principio de la cuadrícula ortogonal, usado en las ciudades nuevas de Roraima.

Del punto de vista político-administrativo

La escala barrio sería la dimensión del territorio ideal para la reivindicación colectiva [7], base social de un activismo, de una organización de barrio (asociación de habitantes), porque cataliza la referencia simbolica de aquél recorte, diferente de la escala de la calle.

Rapoport [8] afirma que los barrios existen cuando hay una congruencia socio-física, o sea, cuando coinciden las dimensiones físicas y sociales (sobre aquél recorte territorial), teniendo una población entre 5,000 y 10,000 habitantes, medida de barrios franceses e ingleses. Para el ayuntamiento de la ciudad de Recife [9], barrio es la 'expresión de la identidad cultural de la ciudad. Toda persona busca vivir en un lugar que se parezca con su modo de vida, esa es la importancia del 'barrio'. Los barrios, todavía, no aparecen por acaso. Luchas y conflictos marcan la formación de esas áreas, e influencian hacia la escoja de los nombres. En el Recife, muchos barrios tienen origen en los ingenios de azúcar situados en las orillas del río Capibaribe. Por el contrario, la conquista del río es uno de los factores más expresivos en el proceso de formación y organización de la ciudad de Recife.

Del punto de vista histórico-social

Lefebvre [10] refuerza la idea que el barrio corresponde a una escala territorial que es definida también por un módulo social, o mejor, es donde hay una mayor convergencia entre el espacio geométrico y el espacio social, entre el cuantificado y el calificado. La escala barrio correspondería a la escala parroquial de otrora, dada era la ligación iglesia-núcleo urbano, una vez que eran oficializados en el templo (que representaba la instancia civil y política) los bautismos, las bodas, los óbitos; y por consiguiente la iglesia tenía el control espacial de aquel territorio donde ejercía sus actividades.

Para Carlos Nelson dos Santos [11], la noción de centralidad es más importante que el reconocimiento de límites: para los habitantes de un barrio, él existe en función de su centro. Y esos centros correspondían a la organización de las parroquias de la Iglesia Católica. Cada parroquia tenía su templo y su santo protector, se organizaban alrededor de ellos y de otras facilidades como ferias y mercados. Importa más saber en qué local hay una mayor superposición de significados en que precisar dónde empieza una zona homogénea y acaba otra.

Otra referencia viene de los burgos de la Paris medieval, a través de los estudios de Richard Sennett [12]. Burgos que no tenían paredones, pero eran igualmente dotados de amplios y bien definidos derechos. Incluso los derechos de construcción, que eran vendidos (no eran vendidos los lotes, pero sí el derecho de construir), pagándose tasas a la Corona y a la Iglesia.

Para Antonio Cándido [13], en el interior de Sao Paulo, el barrio correspondía a una 'nación pequeña', entiéndase: la porción de tierra a la que los habitantes tenían conciencia de pertenecer, formando una cierta unidad diferente de las otras, vistiendo por así decir el esqueleto topográfico.

Los ejemplos de apipucos y poço da panela

Esta armazón rápidamente levantada sirve para explicar los ejemplos de los ingenios que viraron barrios en Recife, especialmente los ingenios del eje del río Capibaribe. Líneas que hacia hoy parecen ser las mismas. Limites que ya vienen delimitados hace por lo menos cuatro seculos. Tratase de una misma escala que sobrevive sobre diferentes nomenclaturas: ingenios -parroquias y pueblos- arrabales y barrios. Después de los ingenios de azúcar, las parroquias van a dar lugar a las zonas administrativas del IBGE (años 1950/60/70), a los sectores censitarios (ligados a las urnas electorales) en los años 1980 y finalmente a los barrios e regiones administrativas. La ciudad de Recife se encuentra dividida actualmente en seis Regiones Político-Administrativas (RPA's) y noventa y cuatro barrios componentes.

Cuantifiquemos como ejemplos los barrios de Apipucos y Poço da Panela, derivados de los ingenios Monteiro y Casa Forte respectivamente. Tienen una población alrededor de 3,000 hab., una extensión territorial alrededor de 100 hay en Apipucos todavía no se puede contar el número de cuadras, debido a la tipología de los asentamientos adheridos a las formas topográficas. Y ni por estar fuera de los 'presupuestos' padrones dejan de ser barrios. Lo que refuerza la idea del tripe, el morfológico-dimensional por sí solo no descalifica el todo, el político y el histórico-social se complementan y se equilibran.

Por otro lado, la centralidad de esos barrios aún se da en sus iglesias y en su largo y casas cercanas. La ligación parroquia-núcleo de barrio aún se mantiene fuerte, existe el apego al lugar. Son lugares donde todos se conocen y reconocen la inmediación, existen fuertes lazos afectivos entre las familias y con el propio sitio, diferente del día-a-día de la ciudad grande.

Apipucos y Poço da Panela son barrios históricos, en que el sentido de lugar es más sentido, la memoria acumulada aliada a los atributos naturales fortalece ese sentido, son barrios aristocráticos desde el inicio de la ocupación. Bellas mansiones y hábitos rurales siempre hicieron parte de su paisaje y de su repertorio. El elemento agua asociado al status social es por si solo un valor intrínseco al paisaje recifense. Los más abastados siempre ocuparon la planicie y las orillas planes de los cursos del agua e del mar, mientras que los menos abastados siempre consiguieron infiltrar entre esos y el agua, por veces hasta dentro del agua mismo o con aterros -esa fisionomía se repite en Apipucos y en el Poço da Panela, donde las invasiones y asentamientos de baja senda son antiguos y puntualizan los escenarios históricos.

Notas

1. Ferreira, Aurélio Buarque de Holanda, "Nuevo diccionario de la lengua portuguesa", Rio de Janeiro: Nueva Frontera, 1977.
2. Souza, M. J. L., 1989, pp.153-154.
3. Rossi, Aldo, "La arquitectura de la ciudad", São Paulo: Martins Fontes, 1995, pp. 63-67. Rossi reequaciona la classificación de Tricart, continuando a dividir hierarquicamente el aglomerado urbano em 3 escalas: la escala de la calle, la escala del barrio y la escala de la ciudad.
4. Lamas, José Ressano García, "Morfología urbana y el dibujo de la ciudad", Lisboa: Fundación Calouste Gulbekian, 1993, pp. 74-76. Allende de confirmar lãs 3 escalas, las denomina de 'dimensiones', correspondiendo: la escala de la calle -dimensión sectorial; la escala del barrio- dimensión urbana, y la escala de la ciudad -dimensión territorial.
5. Souza, Marcelo José Lopes de, "El barrio contemporáneo: ensayo de abordaje política", Revista Brasileira de Geografía, Rio de Janeiro, n. 51, 1989, p. 144.
6. Santos, C. N., 1988, p. 115.
7. Wilheim, Jorge, "El barrio, la unidad urbana. In: Proyecto São Paulo: propuestas para la mejoría de la vida urbana", Rio de Janeiro: Paz y Tierra, 1982, c. 3, pp. 63-65.
8. Rapoport, Amos, "Aspectos humanos de la forma urbana: hacia una confrontación de las ciencias sociales con el diseño de la forma urbana", Barcelona: Gustavo Gili, 1978, pp. 155-163.
9. Recife, 462 años después: ingenios originaron barrios recifenses. Jornal do Commercio, Recife, 7 mar., 1999, Cuaderno Ciudades, p. 12.
10. Lefebvre, Henri, "Barrio y vida de barrio. In: De lo rural a lo urbano", Barcelona: Ediciones Península, 1971, p. 195-200.
11. Santos, Carlos Nelson, "La ciudad como un juego de cartas", Niterói: Eduff; São Paulo: Proyecto, 1988, pp. 113-115.
12. Sennett, Richard, "Carne y piedra: el cuerpo e la ciudad en la civilización occidental", Rio de Janeiro: Record, 1997, pp. 163-164.
13. Sousa, Antonio Candido Mello, "Los compañeros del río Bonito", São Paulo: Dos Ciudades, 1987, pp. 57-65.

Bibliografía

Ferreira, Aurélio Buarque de Holanda, "Nuevo diccionario de la lengua portuguesa", Rio de Janeiro: Nueva Frontera, 1977.

Lamas, José Ressano García, "Morfología urbana y el dibujo de la ciudad", Lisboa: Fundación Calouste Gulbekian, 1993.

Lefebvre, Henri, "Barrio y vida de barrio. In: De lo rural a lo urbano", Barcelona: Ediciones Península, 1971.

Rapoport, Amos, "Aspectos humanos de la forma urbana: hacia una confrontación de las ciencias sociales con el diseño de la forma urbana", Barcelona: Gustavo Gili, 1978.

Recife, 462 años después: ingenios originaron barrios recifenses. Jornal do Commercio, Recife, 7 mar., 1999, Cuaderno Ciudades.

Rossi, Aldo, "La arquitectura de la ciudad", São Paulo: Martins Fontes, 1995.

Santos, Carlos Nelson, "La ciudad como un juego de cartas", Niterói: Eduff; São Paulo: Proyecto, 1988.

Sennett, Richard, "Carne y piedra: el cuerpo e la ciudad en la civilización occidental", Rio de Janeiro: Record, 1997.

Sousa, Antonio Candido Mello, "Los compañeros del río Bonito", São Paulo: Dos Ciudades, 1987.

Souza, Marcelo José Lopes de, "El barrio contemporáneo: ensayo de abordaje política", Revista Brasileira de Geografía, Rio de Janeiro, n. 51, 1989.

Wilheim, Jorge, "El barrio, la unidad urbana. In: Proyecto São Paulo: propuestas para la mejoría de la vida urbana", Rio de Janeiro: Paz y Tierra, 1982.

Centro Georges Pompidou:
Un lugar para habitar la ciudad

JORGE ANÍBAL MANRIQUE PRIETO

Introducción

El presente trabajo es una propuesta de análisis que parte de uno de los conceptos que estoy abordando en mi tema de investigación, este concepto es el de *lugar*. Para fines de este seminario, que corresponde al análisis de la arquitectura europea del siglo XX, específicamente de los países Inglaterra y Francia, se ha decidido tomar como caso de estudio el centro George Pompidou, edificio diseñado por los arquitectos Renzo Piano y Richard Rogers.

La intención de este análisis es encontrar algunas de las características que hacen o han hecho de la arquitectura del centro Pompidou un *lugar* apropiado por sus habitantes. Para este ejercicio se usarán las herramientas teóricas de algunos autores como: Martín Heidegger, Christian Norbeg Schulz, Marc Auge y Michel De Certau; que han puesto sobre la mesa la reflexión sobre el concepto del *lugar*.

Se parte de la afirmación de que el Centro George Pompidou es un objeto arquitectónico apropiado por sus habitantes, por el conocimiento de algunos textos que hacen esta afirmación, por algunas imágenes fotográficas que lo evidencian, y finalmente, porque es frecuente enterarse sobre el gran acervo de obras y visitantes que día tras días confirman la valiosa existencia de este edificio.

Cabe aclarar que el presente análisis abordará al edificio desde la perspectiva de lo urbano; esto no quiere decir que se omitirá el hablar de sus características arquitectónicas. Lo que se propone es que la verdadera esencia de este objeto arquitectónico como *lugar* radica en la manera como se inserta y teje el contexto urbano.

El centro George Pompidou

Este centro surgió como unos de los edificios que formaron parte de la renovación urbana del sector de Les Halles, en Paris; la cual tuvo lugar en los años setenta. Este proyecto brotó de la iniciativa del presidente de ese momento, George Pompidou, por revitalizar aquel sector de la ciudad que se estaba sumergiendo poco a poco en un deterioro económico, físico y social.

Para el diseño del centro Pompidou se convocó a un concurso, que ganaron los entonces jóvenes arquitectos Richard Rogers y Renzo Piano; concurso del cual eran jurados: Philip Johnson y Jean Prouvé. A este último se le atribuye específicamente el haber otorgado este triunfo, debido a que mostraba gran interés por el uso, en la arquitectura, de estructuras metálicas aligeradas. Tipo de edificaciones que fueron definidas dentro de la tendencia hoy comúnmente denominada *High-Tech*, y de la cual Piano y Rogers se convirtieron en destacados exponentes.

El edificio ocupa la mitad de un terreno que está a unas cuantas cuadras del centro de comercio (bolsa) de Paris y al gran parque de jardines de Les Halles. También está cerca de algunas obras de gran valor histórico que van desde catedrales medievales hasta edificios historicistas. Por otra parte: "El edificio alberga el Musée National d'Art Moderne; el IRCAM, un centro de investigación musical y acústica; y una biblioteca (bibliothèque) con un aforo de 2,000 personas, abierta al público. (…) Posee una de las colecciones de arte moderno y contemporáneo más completas del mundo junto con la Tate Modern de Londres y el Museum of Modern Art (MoMA) de Nueva York" [1].

Esta obra fue concebida bajo el concepto de un espacio interior diáfano, es decir, que permitiera la flexibilidad del espacio para ajustarlo según las condiciones requeridas por las diferentes exposiciones o eventos que se desarrollarían en su interior. Esta búsqueda llevó a que tanto los elementos estructurales y las instalaciones se evidenciaran en el exterior. Con respecto a las instalaciones los arquitectos escogieron colores que permitieran identificar con facilidad sus funciones: Las piezas pintadas de rojo cumplen con la función de comunicación (ascensores y escaleras), el azul es la climatización, el verde las instalaciones del agua (fontanería, desagües, etc.), el amarillo es la electricidad, y el blanco las tomas y extracciones de aire; colores y formas que dan un singular aspecto al exterior del edificio.

Finalmente, para no extender mucho esta descripción, vale la pena resaltar como los arquitectos proyectaron una plaza frente al edificio, la cual funciona como pivote entre este y la ciudad. Esta plaza de la cual se hablará más adelante tiene una leve inclinación que convierte al edificio en el telón de fondo de las actividades artísticas que se desarrollan en el espacio público.

El lugar como fenómeno

Lo seres humanos de manera cotidiana se refieren a ciertos espacios o puntos en el espacio como lugares. Se concibe al lugar como el estar en un punto y se suele decir por ejemplo: "estoy en tal lugar", "este es mi lugar" o "nos vemos en tal lugar". Sin embargo, el lugar es mucho más que una referencia en el espacio; esa es tan solo una de sus características. El lugar es un fenómeno [2] que permite el habitar pleno (en cuerpo y alma) del ser humano.

Al ser el lugar un fenómeno, implica que se tenga conciencia no sólo del espacio (un punto de referencia) sino que el factor tiempo es también importante. Para que el fenómeno sea evidente, necesariamente debe ser experimentado por un sujeto. Por otra parte, si ese sujeto lo percibe, quiere decir que este (el lugar) posee una manifestación material que estimula los sentidos. De esta manera se puede discernir que los factores que dan origen a la existencia de lugar como fenómeno son: un entorno (espacio y tiempo) un habitante (sujeto que experimenta el fenómeno) y una materia (que constituye al lugar, para que sea percibido por el habitante en un entorno determinado).

En el análisis que se hace a continuación se tratarán de explicar las características del centro Pompidou como lugar desde esos tres componentes. Será un ir venir a través de ellos lo que permitirá ejemplificar las características del lugar propias de ese objeto arquitectónico.

Desarrollo

La primera cualidad que se mencionó con la definición antes dada de lugar, es que este obedece a la función básica de ser, para quien lo experimenta, un punto de referencia o de orientación en un territorio; al respecto Kevin Linch comenta: "la orientación del hombre presupone una imagen del ambiente [lugar] que le rodea" [3] y por su parte Norberg Schulz hablando de los lugares construidos por el hombre dice: "estos tiene la función de reunir y enfocar" [4]. Enfocar como sinónimo de orientar.

En este sentido los arquitectos se valieron de varias estrategias para lograr que el centro George Pompidou se convirtiera en una referencia urbana. La más básica de todas ellas es que el edificio fue implantado de tal manera que su parte más extensa está en sentido norte-sur, de tal forma que la luz del sol oriente-poniente siempre va a chocar contra sus frentes dominantes; en especial el rayo de sol de la tarde que da a la fachada principal (sobre la plaza).

El edificio sin duda se destaca por su altura, que sobrepasa el promedio de altura de muchas de las edificaciones del sector, esto también es un aporte, al igual que el hecho mismo de que se haya implantado sobre un terreno donde había existido un edificio con memoria histórica, como lo fue el antiguo mercado de Les Halles.

Sin embargo, hay algunas sutilezas que marcan contundentemente este carácter de hito del edificio. Por la calle Beaubourg (fachada oriente) es donde el edificio exhibe de la manera más cruda todas sus instalaciones; allí hay un par de elementos que se destacan; las dos cajas de escaleras pintadas de color rojo que funcionan como complemento a las circulación pública en la fachada poniente del edificio. Estos elementos; especialmente sus remates, se divisan desde varias cuadras al sur, al norte y parte del oriente de esta avenida, convirtiéndose junto a ese manojo de instalaciones a la vista, en los focos visuales de los transeúntes de esta parte del sector de Les Halles. Esta operación se repite en varias direcciones a la redonda, donde el edificio por su particular estética se convierte en foco de orientación Por otra parte, no cabe duda de que un elemento que le da carácter de referencia urbana a esta obra es la plaza que tiene en frente; la cual es una continuación del sendero peatonal (calle Aubry Le Boucher) que teje una relación de varias plazas y jardines públicos. El centro Pompidou fue diseñado de tal manera que funcionara como remate visual de esa calle.

El ala derecha (considerando el frente hacia la plaza) se divisa desde varias a cuadras atrás. Los arquitectos enfatizaron ese remate cambiando la modulación de la estructura en esa esquina, eliminando algunos parasoles en pisos intermedios, evitando que la circulación de la fachada llegara hasta el borde del edificio y dando espacio a un plano vacío para colgar allí los banners que anuncian los eventos que van a tener sitio en el edificio.

Continuando con la explicación de lugar, es necesario destacar que cuando el ser humano interviene, modifica o transforma (generando un punto de referencia) una parte del espacio o un territorio, está plasmando en él algún tipo de significado. Esto quiere decir que el *lugar* es una marca en el territorio que tiene significado para su habitante. Al tener significado, ese habitante se identifica con él, y al identificarse con él, el individuo siente confianza de este. En definitiva, el *lugar* es de confianza para quien lo habita; le proporciona seguridad física y emocional. Lynch lo menciona de la siguiente manera: "una buena imagen ambiental [del lugar] da al que la posee un importante sentido de seguridad emocional" [5].

"Para tener una arraigo existencial, el ser humano debe poder orientarse; saber dónde está (dónde se encuentra). Pero también, tiene que identificarse con el entorno, es decir, saber cómo él es cierto lugar. (…) Sin demeritar la importancia de la orientación, debemos enfatizar que habitar presupone, principalmente, una identificación con el entorno" [6].

En este sentido habría que indagar un poco sobre las intenciones que los arquitectos quisieron plasmar en el edificio, como representación de una huella significativa en el territorio, más allá de ser un elemento de orientación. Puede decirse que con el paso de los años y la vigencia de este edificio se ha constatado que su principal significación fue la de representar al gran acervo cultural del pueblo francés, que ha vuelto al Pompidou uno de los centro de arte más importantes del mundo.

Para la época en que se concibió, este edificio representó un gran paso de la arquitectura francesa hacia el *High-Tech*; una tendencia que permite hacer gran alarde de recursos constructivos y tecnológicos, que no todas las naciones del mundo podían y aún hoy en día no pueden construir ni mantener.

Parece que gran parte de la huella significativa que deja el edificio en este entorno urbano surge de su particular apariencia. Apariencia que en un principio no fue bien recibida por los habitantes del sector, pero que poco a poco se ha convertido en un ejemplo de orgullo tecnológico de un país, que a pesar de tener una enorme memoria histórica está siempre buscando al forma de innovar y marcar la pauta en los procesos sociales, políticos, económicos y culturales del mundo entero.

El sentido de la memoria histórica está muy bien plasmada en este proyecto urbano, no en vano los arquitectos pensaron la mejor manera de tejer este importante sector de la ciudad a través de este objeto arquitectónico. La forma como el edificio se relaciona con la red de calles y espacios públicos es una huella de esa conciencia histórica, que se contrasta con exploración e innovación del lenguaje constructivo del mismo objeto arquitectónico.

El concepto de seguridad también se encuentra inmerso en la materialización del este proyecto. Las personas que habitan por este sector de la ciudad, puede que no estén todo el tiempo en el Pompidou, pero si pueden estar seguros de que están cerca de él, de que se pueden orientar si identifican hacia que costado de este edificio se encuentran [7]. Por otra parte la plaza que antecede al edificio se convierte en esa bienvenida que hace la arquitectura a quien se interesa por estar en ella. Las personas sin entrar al edificio tienen la certeza de estar ya dentro de él. Ese espacio es la proyección del interior del edificio así como el edificio necesita de la plaza para ser lo que es; ambos son una unidad.

Esta obra, a pesar de haber sido originada en el pensamiento de un par de arquitectos foráneos (pero no por ello ajenos a la realidad geo-socio-histórica de la Francia de los años setenta y del contexto europeo) representa la proyección de los franceses hacia un futuro de innovaciones técnicas, que les permitieran seguir sintiéndose protagonistas del acontecer mundial. No por casualidad Marc Augé denomina al lugar como una marca social del suelo; por otra parte dice este autor:

"El dispositivo espacial [el lugar] es a la vez lo que expresa la identidad del grupo (lo orígenes del grupo son a menudo diversos, pero es la identidad del lugar la que lo funda, lo reúne y lo une) y es lo que el grupo debe defender contra las amenazas externas e internas para que el lenguaje de la identidad conserve su sentido" [8].

El lugar también es un centro; un punto de reunión entre el entorno, el habitante y la materialización de ese lugar. Cuando el ser humano está en un punto específico de un territorio, ese punto se convierte en el centro de su mundo; desde ese centro el hombre además de orientarse puede percibir (reunir en su cuerpo y su mente) todo lo que está a su alrededor. De similar forma actúa el lugar: reúne, concentra. Norberg Schulz dice: "el mundo personal de cada hombre tiene su centro (…) el centro representa para el hombre lo conocido (…) todos los centros son lugares de acción" [9].

Sin embargo, este sentido de reunir es mucho más profundo de lo que se piensa, para ello se acude a lo planteado por Martín Heidegger en su texto "Construir, Habitar, Pensar". Lo primero que propone este filósofo es marcar la diferencia entre los conceptos de lugar y sitio. La diferencia es sencilla: el sitio es lo que existe antes de que acontezca el lugar. En el caso del Pompidou se puede hablar del terreno y el contexto urbano inmediato como ese sitio (entorno) en donde emerge la arquitectura como lugar.

Dice Heidegger que el lugar es una frontera: "la frontera no es aquello en lo que termina algo, sino como sabían los griegos, aquello a partir de donde algo comienza a ser lo que es (comienza su esencia)" [10]. Es entonces el lugar una frontera que reúne la esencia del habitante, el entorno y la materialización de ese lugar. Dice el autor que el lugar permite el Habitar del ser humano; del Habitar comenta: "los mortales habitan en el modo como cuidan la cuaternidad" [11]. Esa cuaternidad corresponde al equilibrio entre el cielo, la tierra, los divinos y los mortales. Desde esta perspectiva, el lugar es una frontera entre el habitante y la cuaternidad.

Pero ¿en qué sentido el Pompidou es un centro o una frontera que reúne? Por su función misma de museo, sala de música, biblioteca, etcétera. El Centro Pompidou congrega, reúne a las personas. Por ejemplo, su plaza en frente, es un lugar por excelencia que permite la reunión (en palabras de Heidegger) de un mortal con otros mortales; esa es su esencia.

Dice Marc Auge que un verdadero lugar promueve la solidaridad entre las personas que lo habitan y a su vez promueve la relación entre éstas y su entorno; al respecto comenta: "Cuando los individuos se acercan, hacen lo social y disponen los lugares"

[12]. De esta manera se puede afirmar que el lugar es una construcción social (estar entre los mortales) que surge del respeto a la individualidad, que a su vez es también una construcción social; Norberg schulz dice lo siguiente: "El espacio existencial [lugar] público incluye muchos espacios existenciales [lugares] privados" [13].

Al motivar la interacción de las personas, el centro George Pompidou permite que se origine ese habitar entre los mortales; dice Heidegger: "los mortales habitan en la medida en que conducen su esencia propia"; y una característica esencial del ser humano es ser social. En este edificio las personas están llamada a interactuar constantemente: en la plaza, en el vestíbulo de la planta baja, en las escaleras, en las salas de exposiciones y conciertos, en los corredores, etcétera [14].

Por otra parte el edificio del centro Pompidou es un objeto urbano que complementa (reúne) la red de espacios públicos (calles peatonales y plazas) de Les Hayes. En este sentido el Pompidou reúne al habitante con la ciudad, con el paisaje construido, es decir, con lo que Heidegger denomina como la tierra [15]. Esta relación es mucho más estrecha desde la piel del edificio, que corresponde a una doble fachada. Esa piel permite que el individuo esté en un interior que también es un exterior, es literalmente la materialización de la frontera mencionada por el pensador alemán.

Desde la fachada principal del Pompidou el habitante: andando por los corredores que anteceden las distintas salas, subiendo por las escaleras eléctricas o simplemente estando en un punto de ese interior-exterior, está en constante contacto visual con el entorno que dio origen al edificio. En esos instantes acontecen muchos fenómenos que fundamentan el carácter de esta obra como lugar.

Lo primero que ve el habitante apenas está ascendiendo por la piel del edificio es la magnitud de la plaza, donde están aconteciendo un sinnúmero de historias de los demás mortales. Luego su mirada se puede dirigir a los edificios colindantes, muchos de los cuales corresponden a construcciones de estilo modernista o historicista. En este aspecto el centro Pompidou como lugar permite que ante los ojos del habitante se revelen momentos amontonados (historias pasadas), guardados en la arquitectura y en la estructura urbana de este sector de la ciudad. Dice Michel De Certeau:

"Los relatos de los lugares son trabajos artesanales. Están hechos con vestigios del mundo. (…) es decir con fragmentos de lugares semánticos dispersos." Más adelante complementa: "Los lugares son historias fragmentarias y replegadas, pasados robados a la legibilidad por el prójimo, tiempos amontonados que pueden desplegarse, pero que están allí más bien como relatos a la espera y que permanecen en estado de jeroglífico, en fin simbolizaciones equidistadas en el dolor o placer del cuerpo" [16].

Si se prefiere ascender un poco más, la piel del edificio permite que ante el habitante aparezcan otros lugares que están presentes, en la memoria colectiva de los parisinos y los foráneos La torre Eiffel, las cubiertas y torres de catedrales medievales como Notre-Dame y el río Sena, entre muchos otros. En este sentido el Pompidou además de permitir ese cuida la tierra; avía otros lugares [17]. Lugares que son huecos donde duerme el pasado; presencias de ausencias donde el habitante toma conciencia de la matriz cultural en la cual está inserto.

Dice Heidegger "los mortales habitan en la medida en que reciben el cielo como cielo" [18]. Cuando las personas llegan al Pompidou, y aunque no sean conscientes de ello, el edificio mismo conduce sus miradas hacia el cielo. Por los costados norte, sur y en especial el oriente, la estreches de las calles junto al edificio hacen que los elementos verticales de la fachada, al mejor estilo de una arquitectura gótica, conduzcan su mirada hacia el cielo parisino.

Por el occidente, cuando las personas llegan a la plaza frente al edificio, la perspectiva se abre y se puede observar en escorzo la magnitud del centro Pompidou; pero además el cielo se vuelve más evidente para el habitante; esa plaza es una fuente de cielo que antecede el acceso al edificio. Desde el interior de éste, también se cuida el cielo como cielo; ya se comentaba como desde las circulaciones ubicadas en la fachada, las personas pueden además de ver el paisaje de la ciudad, tomar un trago de luz natural. Finalmente es en el último piso (en la terraza) donde la arquitectura ha querido despojarse de algunos cerramientos, para permitir que la luz del sol y el agua de lluvia que descienden del cielo, penetren en su interior y sean un manjar natural para los habitantes que se quieran saciar de él.

Continuando con lo propuesto por el filósofo alemán, este comenta: "los mortales habitan en la medida en que esperan a los divinos como divinos" [19]. Esta presencia según él está en el conocimiento de su ausencia. En esa ausencia los seres humanos nos hemos dado a la tarea de construir mitos que expliquen de cierta manera la presencia de esa divinidad en nuestra existencia; estos mitos se representan o materializan a través de los ritos, que de generación en generación siguen estando presentes en habitar del ser humano en esta tierra [20].

En el Pompidou se evidencia la existencia de un par de estos mitos: El primero se materializa en el ascenso por las escaleras eléctricas de la fachada. Ascenso que conduce al habitante a un estado de superioridad, de dominio sobre los mortales que están en la tierra y sobre el paisaje de la ciudad. Todo el tiempo el ser humano busca una posición de privilegio en el mundo; el Pompidou permite que por instantes, quien lo habita llegue más alto de lo que otros cotidianamente no lo hacen.

Pero este rito de ascensión, tiene un componente particular. Las escaleras no son como las escalinatas que habitualmente anteceden la entrada a un templo; en el caso del Pompidou las escaleras son eléctricas; es decir, el hombre hace uso de la tecnología para llegar a esa meta divina. De esa manera, el habitante sin siquiera notarlo, está rememorando uno de los mitos más antiguos, la ascensión al cielo, pero ayudado de los beneficios de su creatividad, que es a su vez un regalo de la divinidad.

El otro mito materializado en este edificio, es el mito de volver a ser uno con la madre tierra, de penetrar dentro de ella para emerger renovado de su interior. La representación de ese mito se manifiesta en el Pompidou, cuando de forma ritual el habitante desciende por la plaza inclinada para poder sumergirse en la penumbra de la planta baja del edificio. Luego, como si se hubiese purificado en ese "entrar", el habitante estará preparado para encontrarse nuevamente con la luz que emana del cielo, al ascender por la piel del edificio; pero también se encontrará con otra luz; la luz oculta en el arte y que los divinos han regalado a la humanidad para que pueda vivir poéticamente en el mundo.

En resumen, hasta este punto se puede afirmar que el lugar hace evidente lo que para los seres humanos resulta como habitual.

A eso se refiere Heidegger cuando dice que el lugar permite reunir la esencia de las cosas, aquellas cosas que son significativas para el habitante. El lugar entonces permite un estado de recogimiento del ser que lo habita. En este sentido se ha visto como el Centro George Pompidou permite que el individuo sea consiente de todo aquello que lo hace ser lo que es.

Todo aquello que hace ser al habitante lo que es, es él mismo [21]. El *lugar* debe permitir que el habitante se encuentre a él mismo; el *lugar* es un reflejo de él (el habitante). Es decir, el habitante encuentra un equilibrio entre su esencia y su entorno a través del *lugar*. Bien lo dice Norberg-Schuzl hablando de la casa como lugar: "en la casa [lugar] encuentra el hombre su identidad" [22].

También se puede definir el lugar como una pausa, donde se agudizan los sentidos de quien lo habita, y que permite contemplar en detalle la esencia de las cosas. En este contexto, se puede decir que el *lugar* es poesía, que desoculta la verdad del habitante, del entorno, de la materialidad del lugar, de la cuaternidad; es decir, de las cosas. El lugar permite que el habitante tenga vivencias totales.

El centro George Pompidou es de esta manera una vitrina, una frontera que permite la reunión de todas estas cosas significativas para los parisinos; cosas que han permitido que cada individuo forje una identidad individual y colectiva. Cuando Marc Augé habla de los no lugares hace énfasis en que éstos hacen que los seres humanos pierdan todo tipo de referencia con su contexto, que haya una individualización y un desarraigo de la historia y de la cultura de un determinado grupo social en un determinado contexto geo-socio-histórico [23].

El Pompidou es un *lugar* porque permite la reunión de todas estas cosas. Muchas personas que lo observan como un objeto impuesto en un contexto, se alejan de la verdadera esencia de este edificio. Lo mismo sucede con todos aquellos que desde su construcción han querido imitar las características de esta obra, haciendo arquitecturas de fachadas saturadas de cristales y estructuras a la vista, sin siquiera reflexionar en que la piel del Pompidou es gruesa, tiene cuerpo, tiene profundidad, es una frontera donde acontece el lugar.

129

Según Heidegger los lugares son cosas; para él las cosas tienen una esencia y una parte material; eso las diferencia de los objetos, que tienen como única función servir para algo y luego ser desechados. Para este autor las cosas están hechas de otras cosas y las cosas mismas albergan la cuaternidad. El centro George Pompidou es una gran cosa, que como se ha venido hablando alberga la cuaternidad. Sin embargo, este lugar está constituido por otros lugares que refuerzan su esencia. La plaza de enfrente es un lugar, pero es más lugar gracias a la leve inclinación del piso, que permite que las personas hagan lugar de ella: se sienten, se acuesten, vean el edificio como telón de fondo o vean el cielo.

Cada componente de la fachada es un lugar que se muestra en su esencia: los tensores trabajando a tracción, las grandes piezas articuladas que rigidizan la estructura metálica, el cristal permitiendo reflejos y transparencias, las escaleras eléctricas que permiten tener contacto con la cuaternidad, los corredores, las terrazas, las instalaciones a la vista, y muchas más cosas, se muestran como son, muestran su esencia; es decir, son lugares dentro de este gran lugar.

Estas cosas resguardan la cuaternidad en el momento mismo en que son herramientas para que el edificio lo haga. Gracias a la estructura metálica que está hacia el exterior y que deja algunas transparencias, las personas pueden tener contacto visual con el entorno. Gracias a la inclinación de la plaza o a las escaleras de la fachada, las personas pueden recrear ritos que están presentes en la memoria colectiva. Gracias a las finas líneas verticales de las instalaciones a la vista, las personas pueden dirigir su mirada al cielo; en fin, son muchas las maneras en la que cada elemento constructivo hace que las personas perciban la cuaternidad.

Una característica esencial del lugar es que este en sí mismo tiene carácter propio. Es una unidad espacial particular, es decir, que se opone a lo general, que tiene rasgos propios [24]. En parte como dice Norberg Schulz "el carácter, depende de cómo las cosas están hechas, y en consecuencia, en su elaboración técnica" [25]. Así el centro George Pompidou es en parte lo que es, gracias a la tecnología con la que fue construido. Es un edificio que a pesar de compartir postulados con otros edificios sobre el uso de tecnologías industrializadas, es único, no solo formalmente, sino gracias al momento geo-socio- histórico en donde emergió.

Es complicado afirma que el centro George Pompidou permite ese habitar pleno; de repente perece que podría decirse que sí, argumentándolo a través de las fotografías donde salen personas acostadas en el piso de la plaza; pero de repente pueden haber personas que tengan prejuicios contra esto.

El Pompidou es un lugar que tiende a seducir al habitante, a retenerlo para que siga experimentado ese encontrarse a así mismo a través de él. Ya se ha visto que ese encontrarse, es mirar hacia el pasado; pero sin que el habitante se dé cuenta, ese mirar le permite a su vez proyectarse a hacia el futuro; el lugar le abre el mundo "futuro" a quien lo habita. "las acciones, en realidad, sólo tienen significación con lugares particulares y están coloreadas por el carácter del lugar" [26]; lo que esto quiere decir es que el lugar surge del habitante, pero el habitante es a su vez edificado por el lugar.

"Los lugares son metas o focos donde experimentamos los acontecimientos más significativos de nuestra existencia, pero también son puntos de partida desde los cuales nos orientamos (…)" [27]. Todo este análisis que se ha realizado se ha basado en las características físicas de las cualidades que hacen del Centro George Pompidou un lugar. Sin embargo, habría que profundizar en una dimensión que ya se mencionó: el habitar; y que según los autores analizados, es el verdadero origen de la existencia del lugar, en este caso del centro Pompidou.

No se podría juzgar desde este análisis, si este edifico cumple a cabalidad con esas condiciones del habitar humano, ya que sería necesario la experiencia de estar allí o haber estado allí para atestiguarlo. Esta parte quedará a la deriva, en espera de que alguien que haya visitado el edificio y se hubiese preocupado por preguntarle sobre su razón de ser, pueda dar respuesta a esta incógnita. Para Heidegger, además de cuidar la cuaternidad, habitar en un lugar es sinónimo de experimentar la libertad, de sentir ese espacio como de confianza; de sentir paz al experimentarlo o al vivirlo.

Es complicado afirma que el centro George Pompidou permite ese habitar pleno; de repente perece que podría decirse que sí, argumentándolo a través de las fotografías donde salen personas acostadas en el piso de la plaza; pero de repente pueden haber personas que tengan prejuicios contra esto. Lo que sí se puede afirmar es que el centro George Pompidou lleva más de treita años permitiendo que la gente pueda habitar una pequeña parte de París; un sector que se encontraba abrumado por el desorden y los problemas sociales. Sector que hoy en día se ha renovado totalmente gracias a la presencia (entre algunos otros) de este edificio, que rompió los esquemas estéticos de su entorno, pero que se encargó de tejer una parte de la ciudad antigua, con un lenguaje visionario, que hoy en día lo ha llevado a ser uno de los iconos de la cultura parisiense más conocidos en el mundo. En definitiva el centro George Pompidou es un lugar que permite habitar la ciudad; apropiarse de ella.

"La apropiación es una aprehensión especialmente significativa, en la cual quien aprende, no toma – no puede- sino aquello que en el fondo el ya posee, pero le falta desarrollar, como lo dice Lois Kahn. (…) Solamente en ese caso tiene lugar la apropiación fundamental, donde aprehender eso que uno es significa interpretarse a uno mismo; recrearse; es decir, ser uno mismo con mayor intensidad, sentirse en cuanto tal.(…) la apropiación señala eso que somos a través de los edificios [de la ciudad]" [28].

Notas

1. Recuperado de: http://www.cnacgp.fr/Pompidou/Communication.ns f/0/69EE6ECC371B657BC1256E8A004E2A89?OpenDocument&ses sion&M=7.3.1&L=3
2. "Diccionario de la Lengua Española", Versión Internet. Fenómenos: Toda manifestación que se hace presente en la conciencia de un sujeto y aparece como objeto de su percepción. Recuperado de: http://buscon.rae.es/drael/
3. Norberg-Schulz, Christian, "Existencia, espacio y arquitectura", Barcelona: Blume, 1975, p.16.
4. Norberg-Schulz, Christian, "Genius Loci: Towards a Phenomenology of Architecture", New York: Rizzoli, 1980, p.14.
5. Norberg-Schulz, Christian; "Existencia, espacio y arquitectura", p.16.
6. Norberg-Schulz, Christian; "Genius Loci: Towards a Phenomenology of Architecture", pp.17, 18.
7. Auge, Marc, "Los no lugares: espacios del anonimato, una antropología de la sobre modernidad", Barcelona: Gedisa, 1993. Dice el autor: "el lugar antropológico es, asimismo, tiempo, principio de sentido para

aquellos que lo habitan y principio de inteligibilidad para aquel que lo observa", p. 58.

8. Auge, *op. cit.*, p. 51.
9. Norberg-Schulz, Christian, "Existencia, espacio y arquitectura", p. 22.
10. Heidegger, Martín, "Construir, Habitar, Pensar", conferencias y artículos, Barcelona: SERBAL, 1994, p. 6.
11. Heidegger, *op. cit.*, p. 4.
12. Auge, *op. cit.*, p. 114.
13. Norberg-Schulz, *op. cit.*, p. 49.
14. Al respecto Marc Auge dice: "(…) lugares animados producidos por una historia más antigua y más lenta, donde los itinerarios individuales se cruzan y se mezclan, donde se intercambian palabras y se olvida por un instante la soledad: el atrio de la iglesia, la puerta del ayuntamiento, el mostrador del café, la puerta de la panadería", p. 72.
15. Heidegger, *op. cit.*, p. 4. "Los mortales habitan en la medida en que salvan la tierra". Para este filosofo salvar es sinónimo de cuidar.
16. De Certeau, Michel, "Andar en la ciudad", Bifurcaciones, p.10. Recuperado de: www.bifurcaciones.cl/007/colerese/bifurcaciones_007_reserva.pdf
17. Heidegger, *op. cit.*, p. 8.
18. Heidegger, *op. cit.*, p. 4.
19. Ídem.
20. Cassirer, Ernst, "El mito del Estado", México: Fondo de Cultura Económica, 1985.
21. Calderón Marina y Bustos José Marcos, "Apropiación y conducta pro ambiental en un poblado periurbano de la ciudad de México". Revista electrónica "Psicología para América Latina" No. 10. Recuperado de: http://psicolatina.org/10/apropiacion.html. "(…) La identidad del espacio o identidad de lugar refiere la manera como las personas se pueden leer en el espacio de la vida cotidiana, implica un conjunto de lugares comprensibles de acuerdo a relaciones sociales que permiten dar sentido a determinadas estructuras. La identidad de lugar es definir en qué espacio, rasgo o práctica de la ciudad la gente logra reconocerse." Fragmento del documento de Miguel Ángel Aguilar "La dimensión múltiple de las ciudades".
22. Norberg-Schulz, Christian, "Existencia, espacio y arquitectura", p. 39. También comenta el autor: "el genius loci; el ‹‹espíritu del lugar››, que nuestros ancestros reconocían como ese ‹‹opuesto›› o ‹‹contrario›› con el cual se tiene que establecer un equilibrio, para poder habitar".
23. Auge, *op. cit.*, p. 83. Dice el autor: "si un lugar puede definirse como lugar de identidad, relacional e histórico, un espacio que no puede

133

definirse ni como espacio de identidad, ni como relacional ni como histórico, definirá un no lugar".

24. Auge, *op. cit.*, p. 41.
25. Norberg-Schulz, Christian, "Genius Loci: Towards a Phenomenology of Architecture", p.14.
26. Norberg-Schulz, Christian, "Existencia, espacio y arquitectura", p. 24.
27. Norberg-Schulz, *op. cit.*, p. 22.
28. Rábago Anaya, Jesús, "El sentido de construir", México. Editorial ITESO, pp. 33-35.

Bibliografía

Auge, Marc, "Los no lugares: espacios del anonimato, una antropología de la sobre modernidad", Barcelona: Gedisa, 1993.

Calderón Marina y Bustos José Marcos, "Apropiación y conducta pro ambiental en un poblado periurbano de la ciudad de México". Revista electrónica "Psicología para América Latina" No. 10. Recuperado de: http://psicolatina.org/10/apropiacion.html.

Cassirer, Ernst, "El mito del Estado", México: Fondo de Cultura Económica, 1985.

De Certeau, Michel, "Andar en la ciudad", Bifurcaciones. Recuperado de: www.bifurcaciones.cl/007/colerese/bifurcaciones_007_reserva.pdf

"Diccionario de la Lengua Española",Versión Internet. Recuperado de: http://buscon.rae.es/drael/

Heidegger, Martín, "Construir, Habitar, Pensar", conferencias y artículos, Barcelona: SERBAL, 1994.

Norberg-Schulz, Christian, "Existencia, espacio y arquitectura", Barcelona: Blume, 1975.

_____, "Genius Loci: Towards a Phenomenology of Architecture", New York: Rizzoli, 1980.

Rábago Anaya, Jesús, "El sentido de construir", México. Editorial ITESO.

Pompidou, Recuperado de: http://www.cnacgp.fr/Pompidou/Communication.nsf/0/69EE6ECC371B657BC1256E8A004E2A89?OpenDocument&session&M=7.3.1&L=3

Sobre el lugar en arquitectura

MANUEL J. MARTÍN HERNÁNDEZ

Durante todo el siglo XIX se iba a asumir la espacialidad como la razón de ser propia de la arquitectura, al menos desde las descripciones de los interiores "góticos" de G. W. F. Hegel y hasta la definición de la arquitectura como Raumgestalterin ("arte de crear espacios") de August Schmarsow. Desde ese momento, y en poco tiempo, la tesis espacial constituiría uno de los fundamentos de la crítica que la modernidad hacía a la vieja insistencia en los aspectos formales o epidérmicos, y que se habían traducido en el fachadismo y el debate estéril sobre los estilos. La negación de los códigos preestablecidos, el rechazo de la historia como referente o la deslegitimación de la autoridad académica, se va a producir así, además de por un discurso de vanguardia, por la presencia de la categoría espacial como nueva matriz disciplinar.

Para las vanguardias arquitectónicas de las primeras décadas del siglo XX, el espacio no era algo estático o infranqueable (como lo habían sido hasta entonces los muros de la vieja arquitectura clásica), sino precisamente lo que permitía el movimiento a su través. El movimiento era la condición indispensable para generar una visión cinética del mundo, para construir, mediante los recorridos, cualquier experiencia espacial. Ésta, traducida en experiencia temporal del espacio (su "aspecto plástico" se diría en aquellos momentos), es la que hace que podamos hablar ahora de lugar.

Un lugar es por tanto, y en principio, un espacio recorrido. Pero rápidamente nos daremos cuenta de que el tiempo con el que, a partir de aquellos espacios, se construyen los lugares, no puede ser sólo el tiempo del recorrido como querían los modernos (tanto el continuo espacio-tiempo de Sigfried Giedion como la dialéctica dinámica-función de Erich Mendelsohn). Se trata, sobre todo, del tiempo de la vida, de tal modo que el lugar es un espacio apropiado, vivido, hecho propio mediante su uso, un espacio (al que Christian Norberg-Schulz (1986) ha llamado "espacio existencial cualificado") donde uno se identifica y desde el que uno se relaciona con el mundo.

No olvidemos que la arquitectura consiste en proyectar y construir esos lugares por donde discurre la vida, y esta vida es temporalidad. Somos en cuanto que seres temporales. Ese es el tiempo al que deberíamos referirnos ahora: el tiempo que sucede. Frente al tiempo "dimensional" de los modernos (la mítica "cuarta dimensión" del espacio) hoy nos tendríamos que referir con más propiedad al tiempo del calendario.

La consideración de este tiempo plantea serios problemas a la arquitectura tal como se ha venido definiendo hasta hoy, porque frente al paradigma atemporal tradicional -que ha identificado la arquitectura con lo estático, lo inamovible, lo que resiste el paso del tiempo- ahora estamos hablando de lo arquitectónico como de un sistema dinámico. Según Ilya Prigogine, (1991) un sistema dinámico es un sistema inestable que se dirige a un futuro que no puede ser determinado a priori. Dicho con otras palabras: el conocimiento actual nos permite al menos saber que "no podemos prever el porvenir de la vida, o de nuestra sociedad, o del universo"; ese es el devenir del mundo real. ¿De qué modo adecuar este flujo de la experiencia humana a un pensamiento, como el proyectual, que conceptualiza por medio de mapas y al que se exige un documento "final" para que pueda ser finalmente construido como un todo completo? Recordemos la frase de Karl Marx que da título a un conocido libro de Marshall Berman: "todo lo sólido se desvanece en el aire". Ante una realidad volátil y efímera, de valores diversificables, de simulacros y globalizaciones que originan el colapso de todo tipo de barreras; ante el corolario evidente de la necesidad de diseñar objetos provisionales, o al menos flexibles y polivalentes, ¿dónde situar una disciplina como la arquitectura, empeñada aún en generar monumentos inamovibles?

Según David Harvey (1990), la inseguridad e inestabilidad de los principios espacio-temporales en torno a los que construimos hoy nuestra vida social (y que son los lugares) conlleva necesariamente cambios en los sistemas de representación o en las formas culturales ¿Qué arquitectura, entendida precisamente como representación construida de una sociedad y una cultura, se aproxima a esta nueva idea de lugar? Sin duda la que se corresponda con una idea de provisionalidad, con un espacio en el que, una vez abandonado el deseo de poder fijar el tiempo -un pensamiento ciertamente reaccionario- sean posibles, por el contrario, todos los tiempos. Ese espacio es el que Richard Sennet (1991) ha llamado "espacio narrativo", un espacio abierto por el que pueda fluir el tiempo.

La defensa de lo narrativo es recurrente: también Paul Ricoeur (1989) afirma que para que el tiempo sea tiempo humano debe estar articulado de forma narrativa. Ricoeur además nos recuerda que no hay coincidencia entre el tiempo subjetivo -o fenomenológico- y el tiempo objetivo -o cronológico-, y también que existe una dialéctica compleja e inestable entre mi tiempo (allí donde se encuentran mi herencia, mi experiencia y mis expectativas) y "el tiempo" (allí donde se entrecruzan historia y ficción). La estructura narrativa de cualquier discurso se sostiene así en esas relaciones que indican una continua provisionalidad, y que se manifiestan en la construcción nunca definitiva de "plataformas" -las mille plateaux de Gilles Deleuze y Felix Guattari- desde las que mirar, criticar y, sobre todo, vivir el mundo.

El relato, el discurrir del tiempo, es, entonces, lo que permite transformar los espacios en lugares. Estaríamos así en condiciones de plantear una cierta de-construcción de la arquitectura en un momento en que la teoría debería recuperar su papel crítico, en la clarificación de la situación actual, y orientador en la búsqueda de alternativas al ensimismamiento grandilocuente de las elites arquitectónicas. Sin duda, la de-construcción no tiene nada que ver, como erróneamente se nos ha dicho y mostrado, con juegos formalistas, con imágenes de destrucción o descomposición, o con la manipulación banal mediante potentes programas de ordenador de ciertas arquitecturas conocidas. El discurso formal o estilístico que parece ser la única preocupación de aquellas elites y sus seguidores, a pesar de su halo de vanguardia o moda (y a pesar de su, a veces, calidad estética), sigue siendo inevitablemente decimonónico y en ésto los clásicos y los modernos -como ha sabido ver Peter Eisenman- (1984) se encuentran. La de-construcción real

139

debería ir más allá, releyendo los discursos al uso y replanteando la arquitectura a la luz de lo que significa ahora, entre otras, la idea de lugar.

Si el lugar se define por el fluir del tiempo, no se puede olvidar que el tiempo modifica inevitablemente las cosas. De hecho, y seguimos con Sennet (1991), el tiempo da carácter a los lugares cuando éstos "se utilizan de manera distinta de aquella para la que fueron concebidos". La tesis de la modificación no sólo entronca con la potencia proyectual de los lugares sino, todavía más allá, con la capacidad de las arquitecturas para soportar el transcurrir del tiempo. Y aquí no hay que olvidar que, en defensa de una cultura de lo sostenible, el formalismo es un despilfarro. En este punto es útil recordar una de las tesis que discurren por las Investigaciones Filosóficas de Ludwig Wittgenstein (1988): la contingencia no puede ser formalizada ("no somos conscientes de la indescriptible diversidad de todos los juegos de lenguaje cotidianos"), y también su corolario: el formalismo excluye siempre al "otro".

En esa exclusión del otro hay también una soterrada actitud sexista que entiende la forma como asunto masculino: la historia de la arquitectura y la ciudad es una historia de hombres, las elites arquitectónicas están ocupadas casi exclusivamente por hombres y cuando hay mujeres, o éstas han asumido papeles masculinos o, simplemente, sus nombres se omiten. No es casualidad, por tanto, que la oposición más radical al formalismo, y la insistencia en construir nuevas teorías de la arquitectura y la ciudad -que partan, por ejemplo, de otra idea de lugar-, venga de un discurso de género desde la teoría feminista.

De entre estos planteamientos, quizá uno de los más sugerentes consiste en la relectura del concepto de chôra, tal como lo encontramos en el Timeus de Platón. En dicho texto, chôra tiene el significado de receptáculo, de lugar donde la vida es posible, donde todo "lo que es" puede desarrollarse, poniendo en relación el ser con el devenir -que son los otros dos componentes de la realidad junto con chôra mismo (aunque esto a menudo se olvida)- y permitiendo también el pasaje desde el mundo de las ideas al mundo visible. En los análisis canónicos, chôra es, efectivamente, espacialidad, pero una espacialidad que, en la tradición sexista, se liga a la condición de femineidad, de nodriza, de "espacio pasivo" desde el que se genera la forma visible; ésta última aparece así claramente como perteneciente al dominio masculino. En la derivación de esta interpretación canónica de chôra, la mujer se reduce a condición de soporte -y como corolario, a propiedad del hombre- de tal modo que sobre ella -trasunto de la interpretación del espacio como "espacio de dominio"- el hombre impone su forma, en la más pura tradición del falocentrismo. La versión que ha dado Jacques Derrida de chôra (que tan útil ha sido, por cierto, para Eisenman o Bernard Tschumi) pretende deslindarlo/a de cualquier referencia a algo concreto y, por tanto, a género alguno: no es un concepto y ni siquiera una palabra; su condición es de absoluta "anterioridad" (y por tanto de discutible ambigüedad).

En cambio, la psicoanalista Luce Irigaray, entre otros, ha releído chôra (como espacio) desde un discurso de género, denunciando la postura sexista, derivada de aquellas versiones anteriores, que situaba a la mujer-nutriente en una situación de dependencia, y proponiendo, en cambio, una negociación acerca de la ocupación de aquel espacio. El espacio -chôra- deja de pertenecer a nadie para convertirse en campo de juego. Deja de ser soporte pasivo de la forma para erigirse -vía su conversión en lugar- en el asunto central del discurso arquitectónico. Lo importante de esta reflexión es hacer notar que el uso y la ocupación del espacio, al que el hombre -y los poderes que representa- había accedido tradicionalmente a través de la forma, ha dejado de ser un derecho exclusivo de éste. Del espacio de dominio -representado por la forma- se pasaría, así, a la idea de lugar.

"Negociar el espacio" es, por lo tanto, otro modo de llamar a aquel relato sobre el espacio con el que veíamos que se construía el lugar. Desde esa negociación son posibles acercamientos a la arquitectura más propios del conocimiento femenino -esa otra mitad del conocimiento que ha sido tradicionalmente abortado-, y que van, según Karen A. Franck (1989), desde las ideas de inclusión, de complejidad o de flexibilidad, a la puesta en valor de la subjetividad o de la vida cotidiana. De este modo, completando la identidad del espacio estaríamos ante una definición más completa del lugar.

Desde aquella negociación ya no es posible la imposición de una forma -que es precisamente a lo que se ha dedicado la arquitectura desde siempre- sino el compromiso de una poética. "Poéticamente habita el hombre", son las palabras sacadas de un poema de Hölderling que sirven a Martin Heidegger (1994) para completar su discurso sobre el habitar. Aquí, como él mismo dice, poetizar no es adornar el habitar o introducir la "estética", en la más banal de sus interpretaciones. Poetizar es "dejar habitar"; pero no elevando al individuo por encima de la tierra sino, precisamente, poniéndolo sobre ella, relacionándolo con el construir. Poetizar es -sigue Heidegger- "medir", pero no se trata de medir con una vara, y tampoco tiene esto nada que ver con los modos corrientes de la representación gráfica de la arquitectura: es saber de ese espacio intermedio en el que residimos, "entre el cielo y la tierra", y residir poéticamente es simplemente habitar. "La vida del hombre", dice también Hölderlin en su último poema, es una "vida que habita". La

arquitectura empieza y acaba en el habitar, habitando es como se construye el lugar y ese habitar es un acto de negociación continua con el espacio y el resto de los que habitan ese mismo espacio.

El discurso sobre el habitar es siempre un discurso sobre el tiempo y, por tanto, sobre la inestabilidad de la arquitectura. Es por eso que la arquitectura padece un irrefrenable terror al tiempo ¿De qué manera conjugar y conjurar ese temor al tiempo entonces? Oigamos al narrador Carlos Fuentes: a base de historia y cultura: ambas nos permiten saber que el tiempo es fundamento de nuestro conocimiento: una temporalidad siempre compartida ¿Qué papel nos corresponde a los arquitectos en esta situación? Simplemente el de permitir que todo esto ocurra, por tanto el de procurar que la forma no se imponga nunca a la definición de los lugares ni, por supuesto, al habitar, sino que asuma su digno -y humilde- papel de receptáculo provisional para que el discurrir de la vida sea allí posible.

Bibliografía

Eisenman, P., "El fin de lo clásico: el fin del comienzo, el fin del fin", Arquitecturas Bis, 48, 3/1984.

Fidalgo, L., "El pensamiento de Paul Ricoeur", España: U. de Valladolid, 1996.

Franck, K. A., "A Feminist Approach to Architecture" en Perry Berkeley, E. (ed.): Architecture. A place for women, Smithsonian Ins. Press, Washington, 1989.

Fuentes, C., "Tiempos y Espacios", México: F.C.E., México, 1997.

Grosz, E., "Women, Chora, Dwelling" en Watson, S. y Gibson, K.: Postmodern Cities & Spaces, Blackwell, Oxford / Cambridge, 1995.

Harvey, D., "The Condition of Postmodernity", Blackwell, Oxford: Cambridge, 1990.

Heidegger, Martín, "Construir, Habitar, Pensar", conferencias y artículos, Barcelona: SERBAL, 1994.

Norberg-Schulz, Ch., "Il concetto di luogo" en Il mondo dell' architettura, Milán: Electa, 1986.

Prigogine, I., "El nacimiento del tiempo", Barcelona: Tusquets, 1991.

Sennet, R., "La conciencia del ojo", Barcelona: Versal, 1991.

Wittgenstein, L., "Investigaciones Filosóficas", México: UNAM / Crítica, Barcelona, 1988.

¿Qué lugar ocupa el niño en la metrópoli?

NORMA GUADALUPE MARTÍNEZ ARZATE

Esta breve reflexión sobre los espacios de los niños es el resultado de la observación directa, de lecturas relacionadas con el tema y de la opinión personal, es importante mencionar que la visión que se presenta no indica un modo concluyente de conceptualizar o de entender tan amplio contenido.

El espacio es una variable fundamental de la arquitectura, ésta es en sí espacio, no obstante es más importante aún la manera en que es percibido por el hombre, lo anterior se refiere principalmente a la percepción poética emocional de los espacios más que a la percepción visual de la arquitectura [1]. Ya que la percepción es el resultado de un acto del individuo que le permite aproximar al objeto a sí mismo, [2] puede considerarse como una acción individual, íntima y única, que evoluciona a través de cada etapa cronológica, esto provoca que algunos espacios adquieran un mayor significado y apropiación que otros; así observamos que existen espacios para los hombres, las mujeres, los ancianos y los niños y la percepción es diferente en cada uno. A consecuencia de la estandarización del diseño, estos espacios tienden a desaparecer o perder su identidad como tal para constituirse en espacio masificado.

En la metrópoli, este hecho ha causado la (des)aparición de espacios o el cambio de uso de los existentes con el afán de resolver las necesidades demandantes de la población. No siempre dichos cambios o sustituciones son fortuitos, la mayoría de las veces contribuyen al detrimento de la calidad de vida del hombre. Retomando la inquietud de un joven arquitecto al plantear la pregunta: *¿Qué lugar ocupa el hombre en la metrópoli?* [3], la hago extensiva a un sector de la población hasta cierto punto desprotegido: los niños.

A finales de 1989 en la sede de la ONU se llevó a cabo la Convención sobre los Derechos del Niño, representantes de diferentes naciones acordaron algunos puntos para la protección, provisión y participación de los niños, los acuerdos que integran dicho documento aspiran a mejorar la vida del niño, en general se especifica como obligación de los adultos pensar muy bien en el futuro del niño y el respeto a sus opiniones [4]. A once años del encuentro dichos convenios se cumplen parcialmente.

En el ámbito de la arquitectura, el niño debe ser considerado un ser demandante y usuario de la arquitectura [5]. El arquitecto debe contemplar ciertas características como son: personalidad, cultura, situación, género, edad, expectativas, etc., que permitan al niño desarrollar su dimensión imaginaria, con el fin de lograr que actúe en sinomorfia [6] con el ambiente.

En las ciudades, los diseñadores urbanos y los arquitectos no siempre toman en cuenta las necesidades de los niños, el resultado son espacios aptos para adultos no para niños. Un ejemplo es la altura a la que se ubican los sanitarios, lavabos, ventanas en los edificios públicos, instalaciones educativas, hospitales, multifamiliares, los teléfonos públicos, los pasos peatonales, los accesos y las calles, lo cual implica efectos fisiológicos, de salud, de conducta, de subjetividad.

Para un niño es difícil enfrentarse al mundo porque no cuenta con elementos suficientes para hacerlo, si para un adulto resulta estresante vivir en la metrópoli para un niño lo es más, su capacidad de resistencia al stress ambiental (ruido, hacinamiento, contaminación visual, auditiva) es menor debido a su falta de experiencia. Además el vivir en condiciones cada vez menos recomendables niega la oportunidad de desarrollar totalmente su potencial físico y mental [7].

Es necesario distinguir si se trata de niños de la calle, niño urbano o niño rural, ya que la percepción difiere también a este nivel. J. Urbina Soria asegura que los ambientes (escenario edificado) provocan actitudes en la gente, es decir que el escenario sugiere la conducta [8]. Esto nos lleva a entender porqué los niños del sector rural tienen una experiencia espacial más rica que los que viven en la ciudad, del mismo modo los niños de la calle se adaptan rápido a situaciones circunstancias adversas, para Dubos esta condición causa la necesidad de evaluar los costos a largo plazo de dicha situación [9].

"Cansada de ese juego, caminaba sin objeto hacia la proa, cuando le vino súbitamente la idea fulgurante de que ella era ella" (Gastón Bachelard, 2005)

Los espacios de los niños

Los espacios de los niños, como tal, surgen a principios del siglo XX; en épocas anteriores no existían espacios destinados específicamente para ellos, pues la educación que recibían no lo permitía, las niñas se dedicaban a actividades que las preparaba para ser futuras amas de casa y los niños eran entrenados para ser militares o religiosos [10].

Actualmente, los espacios destinados a los niños en las ciudades son escasos y por cuestiones de seguridad el niño es obligado a permanecer más tiempo dentro de su casa. Con la aparición del *cyberspace* y la comercialización de nuevos aparatos infantiles como el *Play Station*, el niño pasa la mayor parte de su tiempo libre frente a la televisión o la computadora. Estos programas provocan que los niños desarrollen su imaginación en menor grado que si ellos mismos crearan sus propios juegos.

Igualmente, la falta de interés de los diseñadores para hacer propuestas incluyentes beneficia esta situación. Generalmente, en el diseño de la vivienda no se toma en cuenta la presencia de espacios abiertos; a nivel urbano los diseñadores destinan áreas residuales a los niños, un ejemplo es el espacio libre debajo de los puentes automovilísticos o los camellos, los cuales se acondicionan con mobiliario y áreas verdes, para ser utilizados por los niños y jóvenes.

Lo anterior, no significa que el diseñador es el único responsable de este escenario, las causas son de dominio conocido, no obstante, es compromiso de él proponer soluciones reales a las nuevas necesidades espaciales de los niños. Contrario al niño urbano que se *agazapa* en la vivienda, *el niño de la calle* se adapta a espacios urbanos abiertos como la plaza, la calle, el parque, explanadas, mercados de diferentes puntos de la ciudad, incluso en sub-estaciones de luz. Lo más preocupante es que el niño vive en un ambiente de violencia que le crea emociones complejas y conflictivas. Del mismo modo, se producen problemas sociales porque los espacios utilizados por ellos son áreas de tránsito inseguro para la población.

El niño de la calle recurre a la drogadicción y al alcoholismo como vías de escape y resistencia a todas sus carencias. Estudios realizados por dos ramas de la psicología, la infantil y la urbana [11] han demostrado que los niños de la calle presentan mayor resistencia a los reforzadores negativos que brinda el ambiente; lo que causa dolor a un niño de familia no lo causa en el niño de la calle [12].

Las nuevas opciones de espacios de los niños
Anteriormente, espacios como: la plaza, la calle, el parque, el patio, jugaron un papel muy importante en la vida de los niños, sin embargo, debido a las condiciones de vida actuales, surgen otros espacios dominados por los efectos visuales y la tecnología de punta, estos espacios ofrecen emociones pasajeras a los niños con un mínimo de esfuerzo, algunos de ellos, en la ciudad de México son: la ciudad de los niños ubicada en el Centro Comercial Santa Fe o Parques de Diversión como Six Flags, Divertido, La Feria de Chapultepec.

El rechazo a este tipo de espacios, más que una negación al avance en que vivimos, es una protesta a las consecuencias de la privación del aspecto lúdico en los niños. Psicológicamente, el juego es una necesidad que influye en el desarrollo cognoscitivo del infante, lo prepara para la madurez. El juego es el medio por el cual aprende a relacionarse con el mundo, es la oportunidad de enfrentar sus emociones.

"Lo importante para el desarrollo de la personalidad del niño, es el efecto que produce en su mente el juego,
especialmente cuando a través de la función simbólica se liga a los contenidos del inconsciente". (Guido Macias-Valadez, 1999). ¿Hay solución? La reducción de espacios físicos disponibles para los niños en la ciudad es evidente; sin embargo, el reto al que se enfrenta el diseñador es encontrar nuevas alternativas de espacios para ellos. El problema no es de dinero sino de creatividad. Una manera de abordar el problema es desde la academia, fomentando el empleo de métodos y técnicas que encaminen al

conocimiento de las necesidades y características del usuario, con la finalidad de integrarlos al proyecto arquitectónico [13], tal como lo hacen algunos arquitectos europeos, quienes desarrollan sus proyectos con base a una investigación permanente, el empleo de los métodos nos acerca al problema con cierto grado de certeza y sobre todo proporciona, las bases para fundamentar el proyecto.

Por otra parte, ya en la práctica es necesario estrechar la relación usuario-arquitecto, debemos implicarlo en el proceso del diseño ya sea indirecta o directamente, en la arquitectura pública es importante considerar los posibles perfiles del usuario que frecuentarán el espacio, en la arquitectura privada, cualquier decisión debe adaptarse al gusto y costumbre de los usuarios. Finalmente planteo la necesidad expresada por el Dr. Marcos Mejía, respecto a considerar la creación de una reglamentación de espacios para niños, así como existe para discapacitados.

Notas

1. Bachelard Gastón, "La Poética del Espacio", México: FCE, 2005.
2. Kudin Muriel, Salas Rodríguez, "Una experiencia de vida a través de un espacio para los niños y niñas de la calle", México: Universidad Iberoamericana, 1997, p.28
3. Conferencia, "Los espacios del hombre: Megalópolis" México: UIA.
4. Fondo de las Naciones Unidas para la Infancia, "Convención sobre los derechos del niño", Cuarta edición. CDHEM, SECBSGEM UNICEF. México, 1994.
5. Ídem.
6. El término Sinomorfia es cuando el comportamiento humano armoniza con el ambiente. Correcta interacción del medio y el individuo con sus factores fisiológicos, psicológicos y demás.
7. Coreno Rodríguez, Víctor citando a Dubos. Sem. Temas Selectos.- Psicología Urbana Ambiental, UNAM, Abril 1999.
8. Urbina Soria J., "Diseño Ambiental Psicológico", p. 5. Recuperado de: www.posgrado.unam.mx/publicaciones/ant_omnia/11/04.pdf
9. Ídem.
10. Flores Marini, "Instalaciones Infantiles en el espacio Urbano", p. 24. Recuperado de: www.revistaelbuho.com/articolo.php?act=articolo&id_articolo.
11. Holahan Charles J., "Psicología Ambiental. Un enfoque general", Argentina: Limusa, 1978.
12. Holahan, op. cit., p.31.
13. El término completo es "Métodos y técnicas en el conocimiento

y caracterización del usuario, en los procesos del proyecto arquitectónico y su integración en la producción de la Arquitectura Europea" de la autoría de la Dra. en Arq. Consuelo Farías de Van Rosmalen.

Bibliografía

Bachelard Gastón, "La Poética del Espacio", México: FCE, 2005.

Coreno Rodríguez, Ortiz Leticia, "Seminario de Temas Selectos, Psicología Urbana Ambiental", Apuntes, UNAM, Abril 1999.

Conferencia, "Los espacios del hombre: Megalópolis" México: UIA.

Flores Marini, "instalaciones Infantiles en el espacio Urbano". Recuperado de: www.revistaelbuho.com/articolo. php?act=articolo&id_articolo.

Fondo de las Naciones Unidas para la Infancia. Convención sobre los derechos del niño. Cuarta edición. CDHEM, SECBSGEM UNICEF. México, 1994.

Holahan Charles J., "Psicología Ambiental. Un enfoque general", Argentina: Limusa, 1978.

Kudin Muriel, Salas Rodríguez, "Una experiencia de vida a través de un espacio para los niños y niñas de la calle", México: Universidad Iberoamericana, 1997.

Urbina Soria J., "Diseño Ambiental Psicológico". Recuperado de: www.posgrado.unam.mx/publicaciones/ant_omnia/11/04.pdf

Baudelaire y la ciudad

JUAN CARLOS OREJUDO PEDROSA

Baudelaire no es el primero en reconocer el valor literario y poético del tema de la ciudad. Antes que él, Rétif, Balzac y Sue habían contribuido ya a expandir el interés literario y artístico que puede ofrecer la ciudad. El antecedente romántico del flâneur es la obra de Rousseau *Ensueños de un paseante solitario*. Louis

Sébastien Mercier empieza a publicar en 1781 el *Cuadro de París*, que alcanzó doce volúmenes en 1790. Baudelaire introduce una nueva sección en la edición de 1861 de Las Flores del Mal titulada "Cuadros parisienses". La última obra poética de Baudelaire se titula *El Spleen de Paris*. La ciudad, a partir de Baudelaire, se convierte en una fuente imprescindible de inspiración poética. En este ensayo, me propongo analizar la experiencia de la modernidad en Baudelaire, la cual tiene lugar en la ciudad, donde el poeta vive y siente la nueva sensibilidad que nace del contacto con las nuevas fuerzas vitales de la ciudad moderna en constante cambio y transformación. El poeta moderno ya no busca su fuente de inspiración poética en la naturaleza, como era costumbre entre los románticos, sino en la ciudad tumultuosa donde el poeta tropieza con las palabras al mismo tiempo que tropieza en el empedrado:

"salgo solo a entregarme a mi insólita esgrima,
husmeo en los rincones el azar de la rima,
tropiezo en las palabras como en el empedrado,
y a veces doy con versos largo tiempo soñados" [1].

La actividad primordial que desarrolla el artista en la ciudad es mirar y observar la realidad que le rodea. La función del artista moderno, a partir de Baudelaire, no consiste en descifrar el destino de la humanidad o los designios divinos sino en conocer y explorar el mundo humano en el que vive. Su objetivo, por tanto, es conocer la ciudad y a sus habitantes mediante la observación y cierta dosis de imaginación. Es grande la admiración que siente Baudelaire por el poder de observación de Balzac. La función del arte consiste, para Baudelaire, en traducir las impresiones que producen los objetos externos en el alma del artista. En realidad, lo que busca es la modernidad, es decir, la belleza fugaz y pasajera que pasa desapercibida en el tumulto de la gran ciudad.

A partir de 1859, Baudelaire empieza a concebir una nueva teoría estética basada en la vida moderna en las grandes ciudades, inspirándose fundamentalmente en dos artistas poco conocidos: Constantin Guy y Charles Méryon. Baudelaire dedica a Méryon una página elogiosa en su "Salon de 1859". Méryon representa para Baudelaire la intrusión de lo fantástico en la vida moderna. Baudelaire descubre en Méryon un artista capaz de extraer el aspecto fabuloso y fantasmagórico de la ciudad. Constantin Guys, por otro lado, representa el nuevo ideal estético basado en el "esbozo" que fija el instante fugitivo.

Méryon posee el arte de representar en sus grabados lo imaginario y lo invisible de las grandes ciudades, mientras que Guys representa en sus acuarelas el momento fugitivo que no percibe habitualmente el ojo humano. Méryon resucita los fantasmas del pasado, mientras que el arte de Guys eterniza el momento presente al mismo tiempo que revitaliza la eternidad a través del momento pasajero y transitorio del presente. Guys es definido por Baudelaire como un artista que ha buscado por todas partes "la beauté passagère, fugace, de la vie présente, le caractère de ce que le lecteur nous a permis d'appeler la modernité" [2]. ("la belleza pasajera, fugaz, de la vida presente, el carácter de lo que el lector nos ha permitido llamar la modernidad"). Guys inspira a Baudelaire una nueva estética que busca "dégager de la mode ce qu'elle peut contenir de poétique dans l'historique" [3]. ("extraer de la moda lo que puede contener de poético en lo histórico").

Baudelaire dedica el poema "Sueño Parisiense" a Constantin Guys. En este poema expresa el poeta su odio por la naturaleza y el deseo inalcanzable de una ciudad sin vestigio alguno de la naturaleza vulgar que se opone al gusto de Baudelaire por lo artificial y lo exquisito. Baudelaire lo que descubre a través de Méryon y de Guys es precisamente un nuevo placer para la vista.

La ciudad es convertida gracias al genio de estos dos artistas modernos en un paisaje concebido para satisfacer únicamente el placer de la vista:

"Y sobre estas maravillas
Reinaba (¡terrible novedad!
¡Todo era visto, nada oído!
Un gran silencio inacabable" [4].

"Todo para la vista, nada para el oído", la ciudad se convierte en una fiesta para los ojos. Baudelaire desarrolla en "El Pintor de la Vida Moderna" el tema de la gran fascinación que ejerce la ciudad sobre el individuo. El artista contempla la ciudad como una unidad de fuerza eléctrica que contribuye a desarrollar y aumentar las facultades humanas. Pero esta búsqueda interminable de la belleza moderna conduce a la experiencia de la modernidad, es decir, al sentimiento de extrañamiento y de choque que produce la atmósfera turbulenta de la gran ciudad en el alma humana [5]. El antecedente literario de esta experiencia de choque entre el hombre y la ciudad es Rousseau, quien narra en la novela Julie, ou la Nouvelle Héloise la experiencia de un joven, Saint-Preux, que realiza el viaje, tan extendido en la época, del campo a la ciudad [6].

Rousseau propone el viaje de regreso de la ciudad al campo, como una forma de renovación y de recuperación de la salud física y moral. Las ciudades corrompen al hombre al convertirlo en un siervo de las apariencias y de las opiniones ajenas que lo alejan de su verdadera esencia, la cual sólo se revela en la conciencia del hombre solitario.

En cambio, para Baudelaire es un goce sumergirse en la multitud y embriagarse con todos los placeres que ofrece la ciudad, la cual desencadena en el hombre una sensación de plenitud interior y de liberación moral. ¿De qué se libera Baudelaire cuando se sumerge en la multitud? De su propia conciencia de culpabilidad que le condena a existir encerrado en su propia subjetividad. El viaje de Baudelaire consiste en salir del yo con el fin de abrazar la vida moderna de las grandes ciudades. Esta es la experiencia de la modernidad que inaugura Baudelaire a través de la figura del flâneur, el caminante sin rumbo que descubre de manera inesperada el ideal soñado en la ciudad, la cual despierta tanto horror como fascinación en el alma del poeta. La ciudad tiene para Baudelaire un significado ambiguo donde entran en juego grandes pasiones y sentimientos de amor y odio simultáneamente:

Je t'aime, ô capitale infâme!… [7].

(¡Yo te amo, Oh capital infame!…)

Para Baudelaire, la ciudad constituye al igual que para Rousseau un abismo para el hombre, una fuente de placeres que conducen a la perdición del alma. Según Walter Benjamin, el rasgo más destacado de la ciudad es la destrucción de las huellas individuales [8]. Para Baudelaire, a diferencia de Rousseau, es un placer sumergirse en la multitud donde el alma pierde por completo su identidad al disolverse en el torbellino de la vida moderna:

"No todo el mundo tiene el don de bañarse en la multitud: gozar de la muchedumbre es un arte, y sólo puede entregarse a esa orgía de vitalidad, a costa del género humano, aquél a quien un hada infundió en la cuna el gusto por el disfraz y la máscara, el odio al hogar y la pasión por los viajes" [9].

Baudelaire describe la experiencia del flâneur en la ciudad como un placer que sólo puede disfrutar aquel que sabe tomar un baño de multitudes, lo cual es un arte que muy pocos poseen. La palabra que define al flâneur, por tanto, es el viaje, es decir, su movilidad y su incesante caminar hacia otros lugares que le permiten escapar del aburrimiento y de la monotonía del presente. Sin embargo, a pesar del carácter aristocrático del dandi baudelairiano, que se siente superior y distante frente a un mundo decadente, la experiencia del flâneur en la ciudad hace referencia a una experiencia sensorial y sensual que permite al poeta abrazar la vida moderna en su totalidad. Baudelaire sostiene en "El pintor de la vida moderna" que el dominio del flâneur es la multitud: "Sa passion et sa profession, c'est d'épouser la foule." ("Su pasión y su profesión consiste en esposar la multitud") Marshall Berman destaca a través del verbo épouser el goce sexual que surge del contacto del flâneur con las multitudes. De lo cual se deduce que un arte que no está épouser o unido sexualmente (en un sentido figurado) con las vidas de los hombres y mujeres de las multitudes no es propiamente un arte moderno [10].

¿En qué consiste el arte del flâneur? El arte del flâneur consiste en mirar sin ser visto [11]. Sin embargo, el flâneur que se expone en la vía pública se convierte en un exhibicionista que está a la vista de todos, y sin embargo, la finalidad del dandi es pasar desapercibido en la multitud, y poder contemplar a sus anchas el espectáculo de la vida moderna sin ser observado por nadie, es decir, disfrutar desde el anonimato de todos los placeres clandestinos de la ciudad. Sin embargo, el flâneur puede ser observado mientras observa [12]. El flâneur, que intenta pasar desapercibido, no obstante, se exhibe públicamente y se expone a ser observado por otros curiosos como él. El observador, desde este punto de vista, también forma parte del espectáculo que contempla, y por tanto, está expuesto a la mirada de los demás. El flâneur manifiesta su pasión por el disfraz y la máscara, como una defensa frente a la mirada ajena, y sin embargo, pone en riesgo su propia identidad al entrar en contacto con la multitud.

El artista moderno experimenta la fluidez de su identidad al entrar en contacto con las masas: "Ainsi l'amoureux de la vie universelle entre dans la foule comme dans un immense réservoir d'électricité" [13]. (De este modo, el enamorado de la vida universal penetra en las masas como en una inmensa reserva de electricidad) Marshall Berman relaciona esta experiencia intensa del hombre en la ciudad con la modernización de la ciudad moderna que estimula los sentidos y agranda la visión de velocidad y de aceleración de la vida moderna.

Según Marshall Berman, el representante del siglo XX de esta visión revolucionaria de la ciudad moderna al servicio de la técnica y del progreso fue Le Corbusier en su obra L'Urbanisme, donde expone la gran revolución que supuso el tráfico moderno como una fuerza vital y sobrenatural que imprime una nueva confianza y optimismo en los poderes del hombre. Esta experiencia de participar en las fuerzas exaltadoras de la ciudad moderna y que culmina con la aparición del tráfico tal como lo describe Le Corbusier no coincide exactamente con la experiencia de Baudelaire, sin embargo, describe la fuerza de la modernización de las ciudades como fuente de una nueva sensibilidad vinculada con el poder de la técnica y la industria:

"Ese primero de octubre de 1924 asistí al titánico renacimiento de un fenómeno nuevo....el tráfico. ¡Coches, coches, rápidos!

Uno se siente embargado, lleno de entusiasmo, de alegría del poder. El simple e ingenuo placer de estar en medio del poder, de la fuerza. Uno participa de él. Uno toma parte en esta sociedad que comienza a amanecer. Uno confía en esta nueva sociedad: encontrará una expresión magnífica de su poder. Uno cree en ello" [14].

Según Marshall Berman, Baudelaire no se deja arrastrar por las fuerzas que desarrolla la ciudad moderna como Le Corbusier, ni termina disolviendo su propia individualidad al servicio del progreso de la razón y de la técnica: "Este salto de fe orwelliano es tan rápido y deslumbrante (como el tráfico justamente) que Le Corbusier apenas si nota que lo ha dado. En un determinado momento es el familiar hombre de la calle baudelairiano, que esquiva el tráfico y lucha contra él; un momento más tarde su punto de vista ha variado radicalmente, de manera que ahora vive y se mueve y habla desde dentro del tráfico" [15]. Baudelaire representa al hombre de la calle, mientras que Le Corbusier al hombre del coche. El salto definitivo de Le Corbusier al interior del tráfico, según Berman, conlleva la superación de los sobresaltos de la conciencia de Baudelaire, y por tanto, la disolución de las contradicciones entre el plano espiritual de la cultura y el arte moderno, y el plano del desarrollo industrial y tecnológico de las ciudades modernas [16]. Le Corbusier se alía como el Fausto de Goethe, con los poderes del desarrollo y de modernización de las ciudades.

Baudelaire, a diferencia de Le Corbusier, es el hombre de la calle que camina y deambula por la ciudad, y que termina siendo marginado y desplazado por la nueva tecnología al servicio del trabajo industrial y burgués. El flâneur de Baudelaire es el caminante ocioso que vaga libremente por la ciudad sin meta alguna, y que convierte su propio viaje por la ciudad en una obra de arte, es decir, en un fin en si mismo, sin ninguna utilidad exterior. Baudelaire a diferencia de Le Corbusier no se identifica con la clase dominante, la burguesía industrial, sino con las clases más desfavorecidas, los desposeídos y los marginados, como el viejo Saltimbanqui y las viejecitas que viven en los márgenes de la sociedad industrial. El flâneur no se alía con la técnica y la industria, como Le Corbusier, sino que en realidad, es un "Convaleciente" que contempla el mundo con la mirada de un niño que lo ve como novedad: "L'enfant voit tout en nouveauté; il est toujours ivre [17]." ("El niño ve todo como novedad; siempre está ebrio") Baudelaire intuye una gran afinidad entre la visión del artista y la visión ingenua del niño. Baudelaire define el genio como "l'enfance retrouvée à volonté" [18]. ("la infancia reencontrada a voluntad") El pintor de la vida moderna no es un hombre-dios sino un hombre-niño, un convaleciente que contempla el mundo como una novedad llena de misterio y de encanto:

"Para el niño que adora los mapas y grabados
el universo iguala a su enorme avidez
¡Ah qué grande es el mundo a la luz de las velas!» [19].

El flâneur comparte con el niño la pasión por conocer y observar todo lo que le rodea, es decir, la pasión de ver y de sentir. Lo que mueve al flâneur es la curiosidad y el deseo de ver con sus propios ojos el gran espectáculo de la vida exterior que se agita a su alrededor. El flâneur de Baudelaire se esconde en la multitud para pasar desapercibido y poder disfrutar de su anonimato. El flâneur sigue las pistas de su propia identidad perdida en la masa anónima de las grandes ciudades. La ciudad por donde pasea Baudelaire no es el París real sino la ciudad de sus sueños donde todo es posible y estimulante para la imaginación poética:

"Ciudad hormigueante, ciudad llena de sueños,
donde el espectro atrapa de día al transeúnte" [20].

La tarea del artista moderno consiste en percibir la belleza que se esconde en el mundo en el que vive. La figura del "V" responde a este doble imperativo de sumergirse en las fuerzas vitales de la multitud y de preservar la unidad del alma a través del anonimato. La figura del flâneur entra en decadencia a partir de la época de Baudelaire, en el momento en que se producen las grandes transformaciones urbanísticas del París del siglo XIX. El bulevar constituye la innovación urbanística más importante del siglo XIX y el paso decisivo hacia la modernización de la ciudad tradicional. Baudelaire fue testigo de la destrucción del viejo París, como puso de manifiesto en su poema titulado *El Cisne*:

"¡Cambia París ! Mas nada se mueve en mi tristeza.
Esos nuevos palacios, aquellos viejos barrios,
Todo se vuelve ahora para mi alegoría" [21].

Los nuevos bulevares creados por Georges Eugène Haussmann, el prefecto de París durante el mandato de Napoleón III, tuvo como consecuencia la conversión de la ciudad en un espacio físico y humano unificado, capaz de reunir y contener a grandes masas de gente [22]. La ciudad moderna deja de ser el recinto amurallado que se defiende del exterior para convertirse en un espacio abierto para todo el mundo sin distinciones. Los bulevares permiten una mayor y rápida comunicación dentro de la ciudad, lo cual establece una nueva relación entre el individuo y la ciudad [23]. Los bulevares de Haussmann tenían como función destruir el viejo París de las revueltas populares y de las barricadas y transformar la ciudad para fines comerciales e industriales. El individuo, gracias a esta nueva vía de comunicación, puede acceder a la vida pública para defender y luchar por sus intereses individuales. La ciudad moderna, como afirma Marshall Berman, destruye los límites de separación entre lo público y lo privado [24]. El bulevar crea un nuevo espacio social donde el individuo puede sentirse en privado en un lugar público. Este nuevo espacio físico llamado "bulevar" permite al sujeto individual estar solo en medio de una muchedumbre: "Baudelaire amaba la soledad- afirma Walter Benjamin- pero la quería en la multitud" [25].

El bulevar es el nuevo espacio físico de la modernidad donde se manifiestan sus contradicciones y sus conflictos. El bulevar transforma el espacio urbano en un lugar de paso que impide al hombre orientar su vida hacia un mundo estable y familiar. El bulevar, por tanto, representa las fuerzas externas que impulsan al flâneur a caminar y a viajar continuamente sin la esperanza de hallar un lugar de reposo y de protección, en medio de un entorno extraño e incluso hostil. La ciudad deja de ser un espectáculo para la vista y se transforma en una jungla donde el caminante corre el riesgo de ser arrollado por el tráfico del progreso. El flâneur pierde de repente el paraíso cuando choca con el tiempo acelerado de las grandes ciudades. Entre la multitud, el poeta pierde su aureola, su insignia sagrada. La ciudad, por tanto, también implica la pérdida de la inocencia y de la transparencia. En el poema en prosa titulado "pérdida de aureola" Baudelaire narra la experiencia de su caída en el fango del anonimato:

"Hace un momento, cuando atravesaba a toda prisa el bulevar, saltando en medio del barro, a través de ese caos en movimiento donde llega la muerte al galope por todos los lados a la vez, di un traspiés y se me cayó la aureola de la cabeza al fango de la calzada" [26].

La pérdida de aureola significa que el poeta ha descendido de capa social. La pérdida de aureola remite al paso del dandismo a la bohemia. El dandi hace referencia al hombre refinado y elegante que representa la nobleza y el heroísmo a través de su personalidad, y el espíritu aristocrático en contra del igualitarismo burgués. Las leyes que gobiernan al dandi están en su interior lo cual le separa de la vida vulgar y cotidiana. Es la última expresión del heroísmo en la decadencia. En cambio, el bohemio es el artista que ha caído en la miseria debido a que su ociosidad no encaja en la sociedad burguesa, y por tanto, es desplazado por su inutilidad a los márgenes de la ciudad: "El bohemio había sido, sencillamente, el habitante de la antigua y verde Bohemia, a orillas del Moldava (...) la palabra "bohemio" acabó designando a los transhumantes, a los nómadas, a los músicos y a los aventureros" [27]. Baudelaire compone un poema inspirándose en un grabado de Jacques Callot titulado Bohémiens en voyage, que nos permite ver la afinidad del flâneur con los pueblos nómadas, como los gitanos, que encarnan el espíritu del poeta moderno en busca de un ideal inalcanzable en este mundo:

"La profética tribu de pupilas ardientes
se puso ayer en marcha, llevando a sus pequeños (...)" [28].

En la época de Baudelaire, la bohemia representa el espíritu de rebeldía romántica contra los valores de la burguesía. Henri Murger evoca este espíritu de rebeldía juvenil en su obra Escenas de la Vida Bohemia (Scènes de la vie de bohème, 1847-1849) Puccini se basa en esta novela de Murger para componer su cuarta ópera titulada La Bohemia, que se estrena en 1896 en el teatro Regio de Turín [29]. En esta obra publicada en 1851, Murger retrata a una generación de artistas y escritores marginados que sufren en sus propias carnes las dificultades de la vida, con un espíritu nostálgico y rebelde. Baudelaire pertenece a la generación de la bohemia naturalista [30].

El poeta-bohemio que ha caído en el fango del Macadam no puede escapar a la marginación ni a la melancolía en la ciudad, la cual ya no se corresponde con los sueños del poeta. Walter Benjamin compara al poeta moderno con el trapero que rescata del olvido los retazos que la ciudad rechaza y expulsa hacia la periferia. El poeta se identifica con todos los seres que están marginados del centro de industrial y comercial de la ciudad. La belleza que encuentra Baudelaire en la ciudad no es la belleza eterna e inmutable, sino la belleza fugaz y fragmentada que escapa al control de la sociedad burguesa. La realidad que no quiere ver el burgués acomodado es la pobreza y la marginación que nos revela las verdaderas contradicciones de la vida moderna. La ciudad moderna abierta a todas las miradas es el lugar donde se manifiesta la realidad que nadie quiere ver y que sin embargo, nadie puede no ver: la realidad del mal. En el bulevar se manifiesta la separación entre ricos y pobres, entre los poseedores y los desposeídos, entre la raza de Abel y la raza de Caín:

"Raza de Abel, nútrete y duerme;
Dios complacido te sonríe.
Raza de Caín, por barro y lodo
Te arrastrarás hasta la muerte" [31].

La ciudad como espacio físico único ha destruido las barreras tradicionales de clases que la conciencia individual no ha borrado de su memoria. Marshall Berman dedica un capítulo en analizar el poema en prosa "Los ojos de los pobres": "Los bulevares, al abrir grandes huecos a través de los vecindarios más pobres, permitieron a los pobres pasar por esos huecos y salir de sus barrios asolados, descubrir por primera vez la apariencia del resto de la ciudad y del resto de la vida" [32]. Los ojos de los pobres se manifiestan en el centro de la ciudad, lo cual produce en el poeta un malestar que no es capaz de reconocer en sí mismo, sino a través de su amada que no puede soportar la visión de los pobres [33]. La experiencia de la ciudad desencadena un choque que destruye la imagen ideal que el hombre tiene de sí mismo, y le enfrenta con una realidad que no quiere ver. La ciudad por tanto nos ofrece la experiencia de la alteridad, es decir, la parte inconsciente del hombre que se revela a través de los sueños y deseos más ocultos.

La pérdida de aureola, como sostiene Marshall Berman, tiene lugar donde convergen el mundo del arte y el mundo corriente, es decir, lo espiritual y lo físico. Walter Benjamin es el primero en sugerir las afinidades entre el artista de la vida moderna y la desacralización del mundo de la burguesía. El artista moderno a partir de Baudelaire sufre en su interior las contradicciones del capitalismo moderno que había denunciado Marx en su Manifiesto: "La burguesía ha despojado de su aureola a todas las profesiones que hasta entonces se tenían por venerables y dignas de piadoso respeto. Al médico, al jurisconsulto, al sacerdote, al poeta, al sabio, los ha convertido en su servidores asalariados" [34]. El artista moderno se vende a la burguesía para ganarse la vida en un mundo que ha perdido totalmente el gusto por los valores superiores:

"Habrás de granjearte el pan de cada noche
moviendo un incensario, como hace el monaguillo,
y entonando un Tedeum en el que apenas crees,
o exhibiendo tu arte, saltimbanqui en ayunas" [35].

La ciudad no sólo pertenece a los vencedores con fortuna sino también a los vencidos y desheredados, a los hombres y mujeres que han perdido lo que no puede recuperarse, y que están sumidos en un dolor insuperable que nada puede consolar. El poeta que desciende a las ciudades corre el riesgo de perder su aureola y su propia vida, lo cual forma parte del heroísmo de la vida moderna. El viaje del flâneur comienza siendo una salida hacia el mundo exterior, desde lo privado a lo público [36]. En esto consiste, el heroísmo de la vida moderna, en exponerse a los peligros de la ciudad moderna. El flâneur se convierte en un espectador desinteresado que no deja huellas en la historia. Está de paso por la ciudad. No tiene un lugar fijo de residencia. Su identidad es fluida e inconsistente. Su yo está vacío en espera de recibir nuevos contenidos y sensaciones. La multitud constituye una fuente inagotable de nuevas experiencias que permiten al poeta-flâneur escapar del tedio de vivir y del Spleen.

Baudelaire se inspira en El hombre de la multitud de Edgar Allan Poe. Sin embargo, el flâneur de Baudelaire no es el "hombre de la multitud" que se pierde para siempre en la marea humana de las grandes ciudades, y que funde para siempre su destino con el destino de las masas. El hombre de la multitud de Poe ya no se pertenece a sí mismo sino que camina sin identidad en medio de las masas. Ya no tiene otra finalidad que seguir a las masas, y seguir dentro de la multitud, que se ha convertido en su nuevo hogar. En cambio, el flâneur baudelairiano no se instala en la multitud, sino que busca en la soledad, lejos de la marea humana, la salud de su alma. Al final del viaje, el flâneur regresa al dolor interior y al vacío de la vida privada, es decir, a la nostalgia romántica y a la exaltación del yo de Rousseau. Al final de su viaje, el flâneur se aleja de las masas urbanas enloquecidas que se alían con la técnica y el progreso, para quedarse a solas su dolor incomunicable:

"Mientras la muchedumbre vil de los mortales,
que fustiga el Placer, verdugo despiadado,
a la fiesta servil va a cosechar pesares,
vámonos, Pena mía; cógeme de la mano" [37].

Hemos visto que Baudelaire se proclama como poeta de ciudad. Baudelaire rechaza la idea de naturaleza como fin espiritual del hombre, como sostenía Rousseau, y persigue, por el contrario, la belleza que se esconde en la ciudad, la cual se distingue por su extrañeza y su poder de fascinación. Baudelaire se deja atraer por la belleza de la ciudad que conduce a la perdición del alma, y sin embargo, Baudelaire se mantiene al borde del abismo. No se deja arrastrar por las corrientes del progreso que destruyen las huellas del hombre solitario que encarnaba Rousseau. Baudelaire participa en la revolución de 1848 y se alía durante un breve periodo con el proletariado levantado en armas contra el poder establecido. Sin embargo, después del golpe de Estado de 1851, Baudelaire adopta una postura reaccionaria en contra de la revolución y del progreso de la democracia. Baudelaire se encierra en su torre de marfil para escapar al ruido de las masas populares:

"cerraré las cortinas, las puertas y ventanas,
para erigir a oscuras mis mágicos palacios. (…)

Por mucho que el Motín retumbe en mis cristales,
No logrará que eleve la frente del pupitre" [38].

En el momento en que desaparece el París del siglo XIX, El flâneur es desplazado y destruido por el tráfico. Ya no podemos pasearnos por el París de Baudelaire, el cual se ha desvanecido como todo lo que está preñado de temporalidad. El tiempo es el gran enemigo del poeta que destruye todas las esperanzas de salvación y de reconciliación. El hombre moderno vive en medio del tráfico y de las contradicciones insuperables de la ciudad moderna. Baudelaire sueña en su época de madurez con una prosa poética capaz de traducir los sobresaltos del alma que corresponden con la experiencia del poeta en la ciudad:

> "¿Quién de nosotros no ha soñado, en sus días más ambiciosos, con el milagro de una prosa poética y musical, aunque sin ritmo ni rima, lo suficientemente flexible y contrastada como para adaptarse a los movimientos líricos del alma, a las ondulaciones del ensueño, a los sobresaltos de la conciencia? Este ideal obsesivo nace principalmente cuando se frecuentan ciudades enormes y se entrecruzan uno con sus innumerables relaciones" [39].

La poesía de la modernidad creada por Baudelaire surge en medio del tráfico, es decir, en la calle donde se debate el hombre en la vida cotidiana. El gran descubrimiento que hace el poeta que pierde su aureola en medio del tráfico es que "el aura de la sacralidad artística" no es esencial para la poesía, la cual puede desarrollarse con igual o mayor éxito en lugares poco "poéticos" o cotidianos. Según Baudelaire, la poesía no puede desarrollarse de espaldas a la vida a pesar de todos los peligros y sobresaltos que implica. Según Marshall Berman, el viaje del flâneur no desaparece del todo a pesar de que el París del siglo XIX se haya desvanecido para siempre en el aire. Baudelaire mismo no descarta la posibilidad de que otro poeta pueda recoger la aureola que se le cayó en el fango, de manera que la aureola puesta en circulación no está totalmente perdida. No obstante, Baudelaire se muestra crítico e irónico respecto a la sacralidad del arte que aparece bajo el símbolo de la aureola. El arte que defiende Baudelaire ya no representa la belleza eterna que permanece inmutable en el mundo platónico de las ideas, sino que refleja las impresiones fugaces de la vida moderna.

La modernidad poética de Baudelaire se configura en torno a la sensación de fugacidad y de caducidad de todas las cosas. Baudelaire no busca, según Benjamin, la belleza absoluta e inmutable que trasciende el mundo sensible. La belleza de Baudelaire se encuentra en la metrópolis, donde el hombre vive y lucha por la vida. La belleza moderna que busca Baudelaire en la ciudad es una belleza que pone al artista en contacto con la muerte. Este contacto simbólico con la muerte a través de la belleza representa el heroísmo de la vida moderna. Walter Benjamin analiza la modernidad de Baudelaire como una alegoría de la muerte. La ciudad moderna significa la muerte de la identidad y el nacimiento de lo fragmentario y de lo inacabado. El artista descubre la muerte, y concretamente, la muerte de una identidad que creíamos como algo sólido y que sin embargo, se desvanece el aire, como todas las cosas de este mundo. Esta es la tesis de Marshall Berman en su obra *Todo lo sólido se desvanece en el aire*. La experiencia de la modernidad que describe Baudelaire deja abierta la posibilidad de que cualquier hombre dotado de imaginación pueda continuar el viaje del flâneur. Baudelaire abrió las puertas de una nueva vía poética que habrán de recorrer Verlaine, Rimbaud y Mallarmé y que llegará hasta los Surrealistas.

Notas

1. Baudelaire, Charles, "Obra Poética Completa", Madrid: Akal, 2003, p. 103.
2. Baudelaire, Charles, "Oeuvres Complètes", (tomo I, 1975, tomo II, 1976), Texte établi, présenté et annoté par Claude Pichois, Gallimard, Paris: *Gallimard, Bibliothèque de La Pléiade*, p. 724.
3. Baudelaire, *op. cit.*, p. 694.
4. Baudelaire, "Obra Poética Completa", p. 233.
5. Benjamin, W., "Poesía y Capitalismo", Iluminaciones II, Madrid: Taurus, 1972, p. 52. Véase Simmel, G., «Las grandes urbes y la vida del espíritu», en El individuo y la libertad, Península, 1986. Walter Benjamín fue el primero en subrayar el sentimiento de extrañamiento que experimenta el poeta en la gran ciudad apoyándose en las

reflexiones de G. Simmel: «Quien ve sin oír, está mucho más inquieto que el que oye sin ver. He aquí algo característico para la sociología de la gran ciudad".

6. Berman, M., "La Experiencia de la Modernidad", Buenos Aires: Siglo XXI, 1999, p. 4.
7. Baudelaire, O.C. I, p. 191.
8. Benjamin, *op. cit.*, p. 58. "El contenido social originario de las historias detectivescas es la difuminación de las huellas de cada uno en la multitud de la gran ciudad".
9. Baudelaire, El poema en prosa "Las Multitudes", en Obra Poética Completa, pp. 387-389.
10. Berman, *op. cit.*, p. 144.
11. Tester, "The Flâneur", NY: Routdlerdge, 1994, p. 141.
12. Tester, *op. cit.*, p. 32.
13. Baudelaire, O.C. II, p. 692.
14. Lugar citado, Berman, *op. cit.*, p. 167.
15. Ídem.
16. Berman, *op. cit.*, p. 82. El modernismo hace referencia a la esfera cultural y espiritual del hombre mientras que la modernización corresponde al progreso material de la vida económica y política. Según Berman, estas dos esferas aparecen claramente escindidas y separadas en la época moderna: "El pensamiento moderno sobre la modernidad está dividido en dos compartimentos diferentes, herméticamente cerrados y separados entre sí: la "modernización" en economía y política, el "modernismo" en el arte, la cultura y la sensibilidad"
17. Baudelaire, O. C II, p. 690.
18. *Ídem.*
19. El poema "El Viaje", en Baudelaire, "Obra Poética Completa", p. 291.
20. El poema "los Siete Viejos", en Baudelaire, "Obra Poética Completa", p. 203.
21. Poema el Cisne, en Baudelaire, "Obra Poética Completa", p. 303.
22. Baudelaire, *op. cit.*, p. 150.
23. Ídem.
24. Berman, *op. cit.*, p. 152.
25. Benjamin, *op. cit.*, p. 65.
26. El poema en prosa "Pérdida de Aureola", en Baudelaire, "Obra Poética Completa", p. 492.
27. López Castellón, E., "Simbolismo y bohemia: La Francia de Baudelaire", Madrid: Akal, 1999, p. 71.
28. El poema "Gitanos en caravana", en Baudelaire, "Obra Poética Completa", p. 63.
29. Puccini, G., "La Bohéme", Buenos Aires: Javier Vergara Editor, 1991.

En 1893, Giacomo Puccini lee la novela de Henry Murger "Escenas de la vida bohemia y decide ponerle música". Puccini trabaja en La Bohème desde la primavera de 1893 hasta la navidad del año 1895. Sus libretistas son Luigi Illica y Giuseppe Giacosa. En 1849, Murger adapta su novela para el teatro con el título "La vida Bohemia", y los tres autores de la ópera se basaron sobre todo en esta obra teatral.

30. Hauser, A., "Historia Social de la Literatura y el Arte", Vol. III, Buenos Aires: Emecé, 1974, p. 229.
31. El poema "Abel y Caín", en Baudelaire, "Obra Poética Completa", p. 279.
32. Berman, *op. cit.,* p.153.
33. Berman, *op. cit.,* p. 154. Baudelaire narra en "Los ojos de los pobres" la experiencia de una pareja de enamorados que se encuentran mientras hablan en un café con la mirada de la pobreza, lo cual produce un distanciamiento entre ellos que nos revela que sus pensamientos no comunican ni se corresponden entre sí a pesar de estar enamorados. La joven se queja a su amante de que no soporta la presencia de los pobres. Esta confidencia destruye los ensueños del joven enamorado que a raíz de este incidente odia a su amada. Según M. Berman: "Tal vez detesta a la mujer que ama porque sus ojos le han mostrado una parte de sí mismo a la que detesta enfrentarse. Tal vez la división más profunda no se dé entre el narrador y su amada, sino dentro del mismo hombre. Si esto es así, nos muestra cómo las contradicciones que animan las calles de la ciudad moderna repercuten en la vida interna del hombre de la calle".
34. Berman, *op. cit.,* p. 157.
35. El poema "La musa venal", en Baudelaire, "Obra Poética Completa", pp. 57-58.
36. Tester, *op. cit.,* p. 2.
37. El poema "Recogimiento", en Baudelaire, "Obra Poética Completa", p. 213.
38. El poema "Paisaje", en Baudelaire, "Obra Poética Completa", p. 195.
39. Baudelaire, "Obra Poética Completa", p. 363.

Bibliografía

Baudelaire, Charles, "Obra Poética Completa", Madrid: Akal, 2003.

Baudelaire, Charles, "Oeuvres Complètes", (tomo I, tomo II), Paris: Gallimard, Bibliothèque de La Pléiade, 1975-1976.

Benjamin, W., "Poesía y Capitalismo", Iluminaciones II, Madrid: Taurus, 1972.

Berman, M., "La Experiencia de la Modernidad", Buenos Aires: Siglo XXI, 1999.

Hauser, A., "Historia Social de la Literatura y el Arte", Vol. III, Buenos Aires: Emecé, 1974.

López Castellón, E., "Simbolismo y bohemia: La Francia de Baudelaire", Madrid: Akal, 1999.

Puccini, G., "La Bohéme", Buenos Aires: Javier Vergara Editor, 1991.

Tester, "The Flâneur", NY: Routdlerdge, 1994.

Sobre los autores

Óscar Miguel Ares Álvarez

Doctor en Arquitectura por la Escuela Técnica Superior de Arquitectura de Valladolid en 2010, Arquitecto colegiado con gran experiencia en el sector de la construcción, con un equipo especializado en la realización de certificaciones energéticas e inspecciones técnicas de edificios.

Claudio Daniel Conenna

Arquitecto ítalo-argentino, nacido en Tandil-Buenos Aires-Argentina, (1959), graduado en la Facultad de Arquitectura y Urbanismo de la Universidad Nacional de la Plata, Argentina/1984. Ph.D. en el Politécnico de la Universidad Aristóteles de Tesalónica -Grecia/1999. Es arquitecto proyectista en diferentes estudios, trabaja independientemente en Argentina y en Grecia. Dentro de sus actividades académicas; es docente de Diseño Arquitectónico e Historia de la Arquitectura en la Facultad de Arquitectura y Urbanismo de la Universidad Nacional de la Plata, Argentina (1985-93). Es Docente de Diseño Arquitectónico y Teoría de la Arquitectura en la Facultad de Arquitectura de la Universidad Aristóteles de Salónica en Grecia (2001- hasta la actualidad). Cuenta con diversas publicaciones, como 40 artículos, aproximadamente sobre los diferentes edificios y arquitectos de la arquitectura contemporánea, su obra consta de los libros: *Arquitectura Griega monástica, una propuesta orgánica* (2007) y *Dibujos en la arena, los proyectos no realizados* (2009). Tiene dominio del español, inglés, italiano y griego.

Pavel Granados Chaparro

Nace en la Ciudad de México. Tiene estudios de letras hispánicas, colabora en investigación con la editorial Clío y participa en diferentes foros académicos; recientemente organizó el ciclo de conferencias "Los hombres ilustres de la rotonda" en la Facultad de Filosofía y Letras de la UNAM. Asiste el taller literario en la Capilla Alfonsina y es asesor en el Instituto de Conservación y Recuperación Musical en México. Actualmente se encuentra en prensa su libro "Apague la luz y escuche".

Hernán Guerrero Figueroa

Nace en Contadero-Nariño Colombia en 1972. Maestro en Arquitectura (Mención Honorífica, UNAM 2001), arquitecto egresado de la Universidad del Valle Cali, Colombia. Diplomado en Museología en el Instituto Nacional de Antropología e Historia de México. Trabajó en Colombia en proyectos de diseño arquitectónico en las constructoras Casa Obando en la ciudad de Ipiales y en Prospectar de Colombia en la ciudad de San Juan de Pasto e igualmente realizó trabajos en forma independiente. Durante el tiempo de estudios de posgrado estuvo becado por la Secretaría De Educación Pública de México, en el año de 1999 forma parte del grupo fundador de la revista de Internet www.architecthum.edu.mx y trabaja actualmente en el área de diseño arquitectónico.

Alejandro Guzmán Ramírez

Arquitecto egresado de la Universidad de Guanajuato en 1996, ha participado en actividades académicas y de investigación en México, Canadá y España; actualmente concluye la Maestría de Arquitectura en la División de Estudios de Posgrado de la Universidad Nacional Autónoma de México, en la cual ha desarrollado actividades de investigación y de apoyo docente (Becario DGEP).

Edgar Fabián Hernández Rivero

Arquitecto, formado en la Universidad de Guanajuato, con un interés especial por las manifestaciones alternativas del habitar y aquello que se encuentra detrás de su creación. En su labor como investigador ha buscado acercarse al estudio de las diversas formas en que el ser humano es y se expresa en el espacio, pretendiendo, con ello, captar la esencia de una obra al diseñarla o analizarla. Actualmente cursa en la Universidad Nacional Autónoma de México el programa de Maestría en Arquitectura en el campo de conocimiento de diseño arquitectónico.

Amaya Larrucea Garritz

Nació en la Ciudad de México. Es Arquitecta Paisajista y Maestra en restauración de monumentos por la UNAM; miembro de la Sociedad Mexicana de Arquitectos Paisajistas de México y del Consejo de asesores del Boletín de Monumentos Históricos del INAH. Es coautora de la colección "Historia de la Arquitectura y el Urbanismo Mexicanos". Es Investigadora de tiempo completo de Arquitectura de paisaje y naturaleza.

Sandra Augusta Leão Barros

Arquitecta y Urbanista (Universidad Federal de Pernambuco - UFPE, Brasil, 1995), Master en Estructuras Ambientales Urbanas (Universidad de São Paulo - FAU.USP, Brasil, 2002). Becaria de Fapesp 1998-2000.

Jorge Aníbal Manrique Prieto

Maestro en arquitectura (mención honorífica), UNAM. Arquitecto de la Universidad Nacional de Colombia, sede Bogotá; con profundización en vivienda. Ha trabajado en investigaciones de entidades públicas en Bogotá, como diseñador de proyectos en entidades privadas, y como profesor adjunto de posgrado en la Facultad de Arquitectura de la UNAM. Fue ganador de un primer puesto en la "X Anual de Estudiantes de Arquitectura" de la sociedad colombiana de arquitectos, con su proyecto de grado de licenciatura titulado: "Vivienda de alta densidad: Calidad en el Habitar". Proyecto que ha sido publicado en las revistas Escala Colombia y Replanteo. Ha participado en diferentes congresos y encuentros académicos como asistente y como ponente: en Noviembre de 2012 participó en el "XXIV Congreso Panamericano de Arquitectos" en Maceió, Brasil. Y en el año 2013 colaboró como parte del comité organizador y como ponente del "1er. Encuentro Académico Internacional: Reflexiones en torno al proyecto arquitectónico" organizado entre las maestrías en arquitectura de la UNAM y la UNAL, evento que se realizó en Bogotá, Colombia. Actualmente trabaja en una ONG desarrollando proyectos de infraestructura educativa para lugares marginados en México.

Manuel J. Martín Hernández

Nacido en Las Palmas de Gran Canaria, Islas Canarias, España, en 1954. Arquitecto por la Universidad de La Laguna en 1977 y Doctor Arquitecto por la Universidad de Las Palmas de Gran Canaria en 1984. Ha impartido Cursos y Seminarios en el MACSI de Caracas, el Instituto de Arquitectura de Moscú, el Centro Universitario de Arte, Arquitectura y Diseño de Guadalajara (México), la Universidad de San Andrés de La Paz y el Politécnico de Milán. Investiga temas de Teoría de la Arquitectura y Proyecto Contemporáneo, Arquitectura Doméstica, Vivienda Social, Patrimonio Arquitectónico y Arquitectura Contemporánea en Canarias. Ha sido miembro de Comisiones del Patrimonio Arquitectónico en representación del Colegio de Arquitectos y de la Universidad, así como asesor del Centro Atlántico de Arte Moderno. Ha ganado premios en diversos concursos de Arquitectura, es autor de diversos libros, ensayos y artículos en revistas especializadas.

Norma Guadalupe Martínez Arzate

Nace en la Ciudad de Toluca, Estado de México. Graduada en la Facultad de Arquitectura y Arte de la Universidad Autónoma del Estado de México en 1993. Tesis profesional de vivienda ecológica residencial en Metepec. Diplomada en el manejo de computadoras compatibles PC de la Facultad de Arquitectura de la UNAM. Seminario de Arquitectura de Paisaje en la UAEM. Realizó estudios de posgrado en la Facultad de Arquitectura de la UNAM y se especializó en Valuación de Bienes Inmuebles en la Universidad Autónoma del Estado de México.

Juan Carlos Orejudo Pedrosa

Doctor en Filosofía por la Universidad Autónoma de Madrid, con la tesis titulada El Pecado del conocimiento en la obra de Baudelaire. Autor de la poesía moderna: "Los caminos de la poesía y de la crítica en Baudelaire", Universidad Autónoma de Madrid, 2005. Co autor con el Dr. Roberto Sánchez Benítez, de "Poéticas de la Modernidad en Baudelaire y Valéry", "los cuadernos del Ex-convento de Tiripetío" y "la Universidad Michoacana de San Nicolás de Hidalgo", 2005. Actualmente es Miembro del Sistema Nacional de Investigadores de México.

www.ingramcontent.com/pod-product-compliance
Lightning Source LLC
Chambersburg PA
CBHW020858090426
42736CB00008B/426